KB059601

# 냥냥이랑 어휘로 사회 쏙

이은경, 전예림 지음

초등 4-2

학교는 재미있는데, 수업 시간은 좀 별로예요. 어렵고, 지루하고, 딱딱하고, 답답해요. 공부하기 싫어서 그런 것만은 아닌 것 같아요. 오늘은 열심히 해봐야지, 나도 공부 잘하고 싶어, 라고 굳게 결심한 날에도 수업 시간은 여전히 어렵고, 지루하고, 딱딱하고, 답답하거든요.

대체 나는 왜 이럴까요? 혹시 이런 고민해 본 적 있나요?

수업 시간이 지루하고 힘들어서 빨리 끝나기만을 바라는 우리 친구들의 딱한 표정을 안타깝게 바라보던 냥냥이 친구들이 있었어요. 이 친구들이 모두 모여 오랜 시간 고민한 끝에 드디어 그 이유를 찾아냈지요. 범인은 바로, 교과서 속 어휘! 어휘를 모르니 내용을 이해할 수 없는 거였어요.

우리 친구들이 보는 교과서에는 도저히 무슨 뜻인지 알 수 없는 어휘들이 툭툭 자꾸 튀어나와요. 이제 막 공부라는 것에 도전하려는 우리 친구들에게는 교과서 본문 속 어휘들이 너무나 낯설게 느껴졌을 거예요.

　어휘의 뜻만 미리 알고 있었다면 척척 이해되고 기억되었을 내용인데, 겨우 그것 때문에 지금껏 교과서와 친구가 되지 못했다니 억울할 지경이에요.

　그래서 냥냥이 친구들이 '짠' 하고 나타났어요. 공부를 열심히 해서 시험도 백 점 맞고 싶고, 나만의 소중한 꿈도 이루고 싶고, 오래오래 기억될 훌륭한 사람이 되고 싶은 친구들을 위해 꼭 기억해야 할 어휘를 골라 주고, 설명해 주고, 교과서에서 찾아 주고, 퀴즈도 내줄 거예요. 어휘 공부가 끝나면 새롭게 알게 된 어휘를 내 것으로 만들어 버릴 교재가 기다리고 있으니 활용해 보세요.

　이제 냥냥이가 이끄는 대로 즐겁게 한 발씩 따라가기만 하면 돼요. 그럼 자연스럽게 수업 시간이 만만하고, 즐겁고, 시간이 후딱 지나가는 제법 해볼 만한 도전이 될 거예요.

새롭고 힘찬 새학기의 시작을 응원하며
**냥냥이 친구들이** 🐾

# 이 책의 구성과 특징

개념어의 뜻을 설명해 준다.

## 01 귀촌

1. 촌락과 도시의 생활 모습

촌락으로 돌아가는 것을 이르는 말

개념어가 한자어인 경우 그 음과 뜻을 알려 주고, 한자어가 아닌 경우 개념어의 어원이나 유래, 비슷한 말 따위를 알려 준다.

어휘교실

아빠가 귀촌하고 싶다는데, 난 귀촌은 싫고 그냥 시골에서 살고 싶다냥!

시골에 가서 사는 것이 바로 귀촌이야.

| 歸 | 村 |
|---|---|
| 돌아갈 **귀** | 마을 **촌** |

교과서에서 개념어가 사용된 문장을 통해 개념어에 대한 이해를 높인다.

## 교과서 속 어휘찾기

- 귀촌은 도시에 살던 사람들이 생활 터전을 촌락으로 옮기는 것을 말한다.

- 공공 기관에서는 귀촌을 장려하고 주민들이 잘 적응할 수 있도록 지원하고 있다.

14

**어휘친구**를 부탁해!                                                    귀농? 귀촌?

개념어의 확장된 의미에 대해 알려 주어 개념어만 공부하는 것이 아니라 폭넓은 어휘를 학습할 수 있게 한다.

🐱 '귀농'과 '귀촌'은 같은 뜻을 가진 말이냥?

🐱 찾아보니까 비슷한 말이긴 한데, 조금 다른 의미를 가지고 있어. " 농촌이 아니더라도 생활 터전을 촌락으로 옮기는 것을 말하 를 짓기 위해 농촌으로 가는 경우를 말해.

🐱 그렇구나. 우리 아빠도 나중에 귀촌하고 싶다고 하시는데, 그 헤어져야 하는 걸까? 갑자기 눈물이 나네.

🐱 언제 갈지도 모르는데 울기부터 하냥.

**냥냥이와 퀴즈대결**

1. 다음 중 '도시의 사람들이 촌락으로 돌아가는 것'을 이르는 어휘는?

   ① 귀산            ② 귀촌            ③ 귀경            ④ 귀국

2. '귀촌'은 사람들이 생활 터전을 '촌락'에서 '도시'로 옮기는 것을 말한다. (

간단한 형태의 퀴즈를 풀며 개념어를 이해했는지 확인한다.

### 모르냥의 하루

개념어를 사용한 재미있는 냥냥이들의 만화를 통하여 자연스럽게 개념어를 한번 더 알게 한다.

냥냥이의
**개념어 충전소**

# 밀집하다

서술어에 대한
뜻과 활용한 문장을
설명한다.

아주 큰 도시에 가면 건물이나 사람들이 빈틈없이 빽빽하게 모여 있는 모습을 본 적 있을 거야. 이렇게 무언가가 아주 많이, 빈틈없이 모여 있는 것을 '밀집하다' 라고 해.

비슷한 말 | 반대말

**서술어 친구들**

집중하다

**밀집하다**

모이다

서술어의 비슷한 말과
반대말을 알아본다.

**개념어랑 서술어랑**

도시, 촌락, 인구, 비율 + 밀집하다

촌락에 비해 도시에는 많은 사람들이 모여서 살고 있지? 즉, 도시의 인구 비율이 촌락의 인구 비율에 비해 높다고 할 수 있어. 그렇다면 도시와 촌락 중 어느 곳에 사람들이 밀집해 있는 걸까? 그렇지! 도시야.

사람들이 아주 많이 모였군!

각 단원에서 배운 개념어와
서술어를 조합하여 개념어와
서술어가 아우러진 문장을
학습한다.

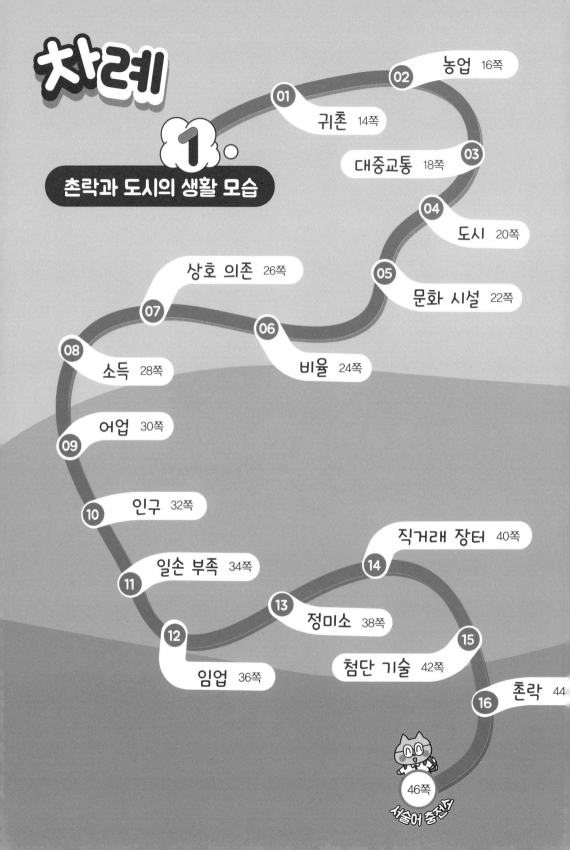

# 차례

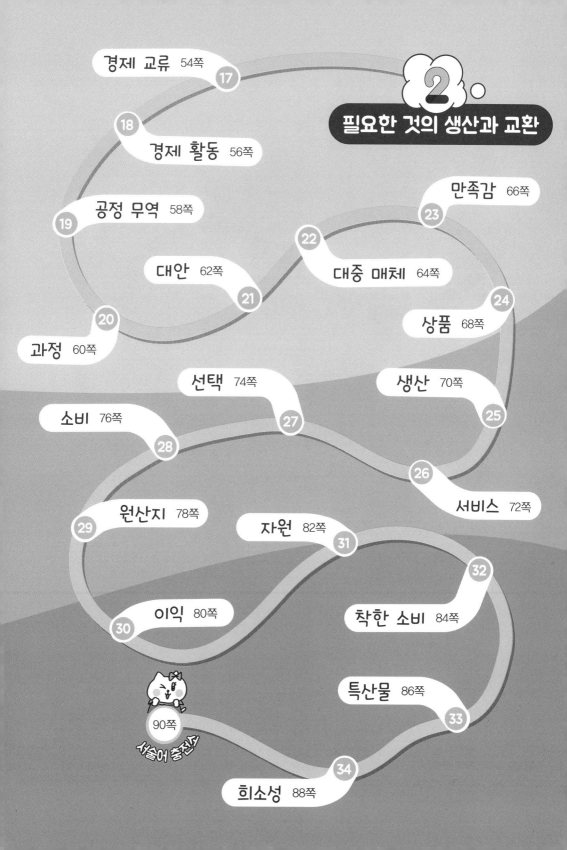

# 3

## 사회 변화와 문화 다양성

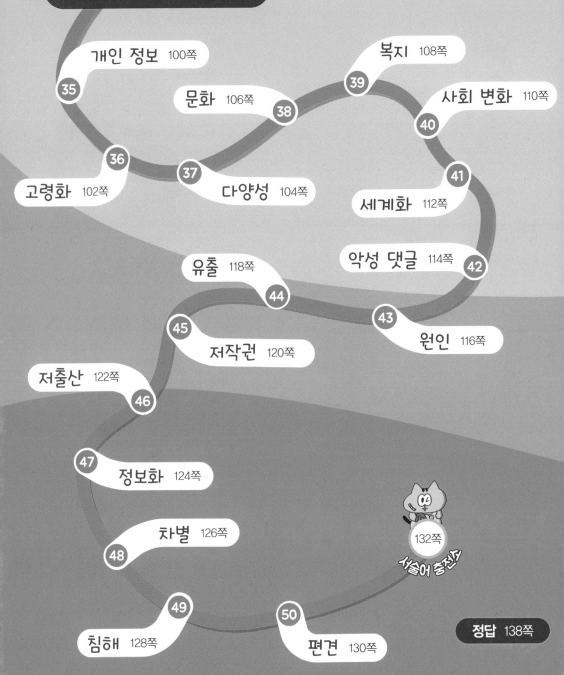

# 등장 인물 소개

### 괜찬냥

언제나 친구들을 먼저 따뜻하게 챙긴다.
친구에게 어려움이 있을 때 괜찮냐고 묻고 도와준다.

♥ ▽ 🔖 ↪

### 머라냥

친구들의 말을 열심히 안 듣고 있다가
나중에 엉뚱한 소리를 한다.

♥ ▽ 🔖 ↪

### 예뽀냥

예쁘고 발랄한 공주님 같은 고양이.
예쁜 것을 보면 정신을 못차리고 갖고 싶어 한다.

♥ ▽ 🔖 ↪

### 모르냥

잘 몰라서 새로운 내용이 나올 때마다 깜짝 놀란다.
친구들이 알려 주면 고마워한다.

♥ ▽ 🔖 ↪

### 알갓냥

똑똑하고 아는 게 많고 책을 좋아하고 자신감이 넘치고
잘난 척을 한다.

♥ ▽ 🔖 ↪

### 어쩌냥

사고를 치고 덜렁거리며 구멍이 많지만 해맑다.
일부러 그러는 건 아니지만 친구들에게 피해를 줄 때도 있다.

♥ ▽ 🔖 ↪

# 1.

# 촌락과 도시의 생활 모습

무엇을 배우나요?

1단원은 '(1) 촌락과 도시의 특징과 모습'과 '(2) 서로 돕는 촌락과 도시'라는 두 개의 소단원으로
되어 있어요. 먼저 촌락과 도시의 특징, 문제점과 해결 방안을 배울 거예요. 그리고 촌락과 도시가 서로 교류하는
모습을 탐구하면서 촌락과 도시의 상호 의존 관계도 파악해 보기로 해요.

귀촌

농업

대중교통

도시

문화 시설

소득

비율

어업

상호 의존

인구

일손 부족

직거래 장터

정미소

임업

촌락

첨단 기술

비교하다

조사하다

밀집하다

경험하다

종사하다

지원하다

# 01 귀촌

촌락으로 돌아가는 것을 이르는 말

## 교과서 속 어휘찾기

• 귀촌은 도시에 살던 사람들이 생활 터전을 촌락으로 옮기는 것을 말한다.

• 공공 기관에서는 귀촌을 장려하고 주민들이 잘 적응할 수 있도록 지원하고 있다.

14

'귀농'과 '귀촌'은 같은 뜻을 가진 말이냥?

찾아보니까 비슷한 말이긴 한데, 조금 다른 의미를 가지고 있어. '귀촌'은 꼭 농촌이 아니더라도 생활 터전을 촌락으로 옮기는 것을 말하고, '귀농'은 농사를 짓기 위해 농촌으로 가는 경우를 말해.

그렇구나. 우리 아빠도 나중에 귀촌하고 싶다고 하시는데, 그러면 친구들과 헤어져야 하는 걸까? 갑자기 눈물이 나네.

언제 갈지도 모르는데 울기부터 하냥.

 낭낭이와 퀴즈대결

1. 다음 중 '도시의 사람들이 촌락으로 돌아가는 것'을 이르는 어휘는?

① 귀산          ② 귀촌          ③ 귀경          ④ 귀국

2. '귀촌'은 사람들이 생활 터전을 '촌락'에서 '도시'로 옮기는 것을 말한다. ( O , X )

## 모르냥의 하루

# 02 농업

땅을 이용하여 생활에 필요한 식물을 가꾸거나 동물을 기르거나 하는 산업

농사 **농** 農

업 **업** 業

## 교과서 속 어휘찾기

• 논과 밭에서 쌀, 보리, 옥수수 등의 곡식을 키우거나 과일, 채소, 꽃, 가축을 기르는 일 등을 **농업**이라고 한다.

• 농촌은 주민의 대부분이 **농업** 활동을 하며 생활하는 촌락이다.

## 논과 밭은 같은 것일까?

농업은 주로 논과 밭에서 이루어진다고 하는데, 논과 밭은 어떤 점이 다른 거냥?

논은 보통 물을 채워놓고 벼를 심어서 쌀을 키우는 곳이고, 밭은 필요할 때만 물을 주면서 우리가 먹는 야채나 작물을 키우는 곳이야.

아! 그래서 논을 뜻하는 한자인 답(畓)에 물 수(水)와 밭 전(田)이 함께 들어가 있구나. 물이 있는 밭이라는 뜻으로.

오! 하나를 알려 주면 열을 아는 냥냥이네?

1. 땅을 이용해 우리 생활에 필요한 식물을 가꾸거나 동물을 기르는 산업을 (       ) 이라고 한다.

2. 농업은 어디에서 이루어질까?

    ① 땅            ② 바다            ③ 하늘            ④ 나의 핸드폰 속

## 알갓냥의 하루

# 03 대중교통

여러 사람이 이용하는 버스, 지하철 따위의 교통수단

**어휘교실**

| 大 | 衆 | 交 | 通 |
|---|---|---|---|
| 클 **대** | 무리 **중** | 사귈 **교** | 통할 **통** |

## 교과서 속 어휘찾기

- 촌락에는 각종 문화 시설과 **대중교통** 등 생활에 필요한 시설이 도시보다 부족한 경우가 많다.

- 버스, 지하철 등의 **대중교통**을 편리하게 이용할 수 있도록 해야 교통 문제가 해결된다.

18

추석에 대중교통을 이용하면 교통 체증이 줄어든다는 뉴스를 봤어. 근데 교통 체증이 뭐냥?

교통 체증은 도로에 차가 너무 많거나 사고, 공사 등으로 차들이 평상시처럼 달리지 못하고 교통의 흐름이 꽉 막혀 있는 것을 말해.

헉! 명절에 할아버지 댁에 가는데 차가 너무 많아서 앞으로 가지도 뒤로 가지도 못하고 완전 답답했던 때가 생각난다냥!

**1.** 대중교통의 예시가 <u>아닌</u> 것은?

① 버스          ② 지하철          ③ KTX          ④ 우리 집 자동차

**2.** 다수의 사람이 공동으로 이용하는 교통 수단을 ( ㄷ ㅈ ㄱ ㅌ )이라고 한다.

# 머라냥의 하루

# 04 도시

일정한 지역의 정치 · 경제 · 문화의 중심이 되는, 사람이 많이 사는 지역

어휘교실

우아! 높은 건물들이 진짜 많구나.

사람들도 많고 복잡한 거 보니 우리가 도시에 온 게 맞나 봐.

都 도읍 도

市 저자 시

## 교과서 속 어휘찾기

• 도시 사람들이 촌락 생활을 체험하거나 지역 축제에 참여하기 위해 촌락에 가는 것도 교류의 방법 중 하나이다.

• 많은 사람들이 모여 사는 도시에는 교통 문제, 주택 문제, 환경 문제, 소음 문제 등 여러 가지 문제가 생겨날 수 있다.

 '도시화'는 뭐지?

'도시'는 뭔지 알겠는데 '도시화'는 뭐냥?

혹시 도시를 그린 그림인가?

하하. 도시화는 도시가 아니었던 곳이 점점 도시의 형태를 띠게 되는 것을 말한다냥!

하하! 역시 괜찬냥은 아는 게 많아!

**1.** 어떤 지역에서 정치, 경제, 문화 등 여러 가지 기능의 중심이 되며 사람들이 많이 사는 지역을 (          )라고 한다.

**2.** 도시가 아니었던 곳이 점점 도시의 형태를 띠게 되는 것을 뜻하는 말은?

① 도시락          ② 도시화          ③ 도시가스          ④ 도로시

## 괜찬냥의 하루

# 05 문화 시설

도서관, 극장, 학교, 박물관 등 사람들이 문화를 누리는 데 필요한 시설

어휘교실

영화관 2개에 박물관, 도서관까지? 이곳은 심심할 틈이 없는 동네인걸?

우리 동네에도 이렇게 문화 시설이 많으면 좋겠다. 그렇지 않냥?

| 文 | 化 | 施 | 設 |
|---|---|---|---|
| 글월 **문** | 될 **화** | 베풀 **시** | 베풀 **설** |

## 교과서 속 어휘찾기

• 대형 할인점이나 문화 시설 등이 많으면 생활이 편리해진다.

• 우리 동네에는 도서관, 극장, 박물관, 미술관 등의 문화 시설이 많다.

알갓냥! 종교도 문화의 한 종류일까?

그럼. '문화'는 사람들이 만들어낸 여러 생활 방식을 일컫는 말이니까 '종교'도 당연히 문화라고 할 수 있지.

오! 그럼 내가 다니는 교회도 문화 시설이라고 할 수 있겠군.

맞아.

**1.** 사람들이 문화를 누리는 데 필요한 시설을 이르는 어휘는?

① 문하 시설　　　② 만화 시설　　　③ 창고　　　④ 문화 시설

**2.** 문화 시설의 예시가 <u>아닌</u> 것은?

① 학교　　　② 도서관　　　③ 미술관　　　④ 슈퍼마켓

## 어쩌냥의 하루

# 06 비율

다른 수나 양에 대한 어떤 수나 양의 비. 전체에서 그 수가 얼마큼을 차지하는지 나타내는 것

어휘교실

나의 환상적인 몸매는 황금 비율이라고 할 수 있지.

比 견줄 **비**

率 비율 **율**

## 교과서 속 어휘찾기

• 전체 인구 중 노인 인구의 **비율**이 지속적으로 증가하고 있다.

• **비율**은 기준량에 대해 비교하는 양의 크기를 나타낸다.

24

**'황금 비율'을 아시나요?**

황금 비율이 뭐냥?

1:1.6 정도의 비율인데, 세로가 1일 때 가로가 1.6 정도면 아주 조화롭고 아름답게 느껴지는 비율이라는 거지.

아! 우리 엄마가 신용카드의 가로와 세로의 비율이 황금 비율이라셨어.

그래? 우리 한번 직접 재 보자.

1. 전체에서 그 수가 얼마큼을 차지하는지 나타내는 것을 (　　　　)이라고 한다.

2. 다음 중 '비율'이 사용된 어휘는?

　① 할인율　　　② 율동　　　③ 율무차　　　④ 자율

## 예쁜냥의 하루

# 07 상호 의존

상대가 되는 이쪽과 저쪽 모두가 서로에게 의지하여 존재함.

어휘교실

너는 나에게 수학을 가르쳐 주고, 나는 너한테 영어를 가르쳐 주니까

우리는 상호 의존 관계!

| 相 | 互 | 依 | 存 |
|---|---|---|---|
| 서로 **상** | 서로 **호** | 의지할 **의** | 있을 **존** |

## 교과서 속 어휘찾기

• 촌락과 도시 사람들은 상호 의존하는 관계이다.

• 촌락과 도시에 사는 사람들은 서로 필요한 도움을 주고 받으면서 상호 의존 하고 있다.

 **어휘친구** 를 부탁해!

## '상부상조'라고 들어봤니?

상호 의존이라는 말을 배우면서 비슷한 뜻의 사자성어가 있었던 것 같은데 생각이 나지 않네?

혹시 '상부상조'라는 말 아니냥?

맞아. 서로서로 도움을 주고받는다는 뜻의 상부상조! 너와 나의 관계라고나 할까?

나는 너한테 도움받은 기억이 없는데?

 냥냥이와 **퀴즈대결**

**1.** (          )이란 서로가 서로에게 의지하여 존재한다는 의미이다.

**2.** 다음 내용이 상호 의존 상황인지 판단해서 O, X표 하세요.

1) 예쁘냥이 머리를 빗겨 주면 알갓냥은 수학 문제를 도와준다. ( O , X )

2) 모르냥과 어쩌냥은 지우개를 안 가지고 왔을 때 서로 빌려 주면서 지낸다. ( O , X )

## 머라냥의 하루

# 08 소득

일한 결과로 얻은 정신적 · 물질적 이익

所 得

바 **소**    얻을 **득**

## 교과서 속 어휘찾기

- 최근 중국산 고추와 구기자의 수입이 늘어나면서 이전보다 농가의 소득이 줄 어들었다.

- 촌락에 사는 사람들은 소득 증대를 위해 지역의 특산품을 홍보 및 판매하고 있다.

오늘 수업 시간에 '소비'에 대해서 배웠어. 근데 '소득'도 '소' 자로 시작하니까 비슷한 뜻의 말이 아닐까?

무슨 소리! 소득과 소비는 전혀 다른 단어야. '소득'은 내가 일을 해서 벌어들인 이익을 말해. 예를 들어 회사에서 받는 월급 같은 거지.

그럼 '소비'는 뭐냥?

네가 받은 용돈으로 나랑 맛있는 걸 사 먹고 돈을 지불한다면 그게 바로 소비야. 지금 소비하러 갈래?

 냥냥이와 퀴즈대결

**1.** 회사에서 열심히 일한 대가로 받은 월급은 '소득'이다. ( O, X )

**2.** 다음 중 '소득'을 얻을 수 있는 상황이 <u>아닌</u> 것은?

① 의사가 환자를 치료함.　　　② 은행원이 상담을 함.

③ 가수가 콘서트에서 노래를 함.　　　④ 고양이가 똥을 쌈.

## 알갓냥의 하루

# 어업

돈을 벌 목적으로 물고기, 조개, 김, 미역 등을 잡거나 기르는 산업

어휘교실

어업 체험에 와서 아무것도 안 하면 어떡하냥.

아이고. 뱃멀미가 너무 심해.

漁 고기잡을 **어**

業 **업** 업

## 교과서 속 어휘찾기

• 어촌 사람들은 주로 **어업**을 하며 생활한다.

• 어촌에서는 어업을 주로 하지만 농사를 짓는 마을도 있다.

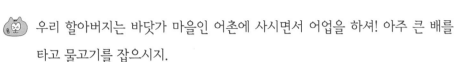

🐱 우리 할아버지는 바닷가 마을인 어촌에 사시면서 어업을 하셔! 아주 큰 배를 타고 물고기를 잡으시지.

🐱 우리 할머니도 어촌에 사시는데 농사를 지으셔.

🐱 엥? 어촌에 살면 다 물고기 잡고 전복 따고 그러는 거 아니냥?

🐱 어촌에 산다고 모두가 다 어업만 하는 건 아니야. 다양한 일을 할 수 있어.

1. 돈을 벌기 위해 물고기를 잡거나 조개를 캐는 등의 일을 하는 것을 (          )이라고 한다.

2. 어업과 관련된 것을 모두 고르면?

   ① 물고기 잡기　　② 버섯 재배하기　　③ 굴 양식하기　　④ 공부하기

## 어쩌냥의 하루

# 10 인구

일정한 지역에 사는 사람의 수

**어휘교실**

우리나라의 인구는 5,100만 정도야.

우리나라 지도

그중 5분의 1 정도가 서울에 살고 있다고 해.

| 人 | 口 |
|---|---|
| 사람 **인** | 입 **구** |

## 교과서 속 어휘찾기

• 산업이 발달하고 인구가 늘어나면 촌락이었던 곳이 도시로 바뀌기도 한다.

• 인구가 줄어들어 나타나는 일손 부족 문제를 해결하기 위해 촌락에서는 다양한 기계를 활용하고 있다.

최근 전 세계적으로 인구 감소가 큰 문제라고 해.

우리나라의 인구는 늘어나는 중이지 않을까? 매년 아기가 태어나잖냥. 우리 이모도 지난달에 아기를 낳았는데?

아기가 태어나긴 하지만, 사람이 죽기도 하는걸? 2021년보다 2022년에 우리 나라의 인구는 약 12만 명이 줄었다고 해.

정말이냥?

**1.** 일정한 지역에 사는 사람의 수를 나타내는 말은?

① 인사          ② 인구          ③ 인생          ④ 인정

**2.** 한 나라의 인구는 줄어들기도 한다. ( O, X )

## 예쁘냥의 하루

# 11 일손 부족

일할 사람이 부족함을 이르는 말

어휘교실

우리 둘뿐이니까 정말 일손이 부족하구나.

일 손 不 足

아닐 **부**   발 **족**

### 교과서 속 어휘찾기

• 일손 부족 문제를 해결하기 위해 다양한 기계를 개발하여 이용하고 있다.

• 촌락의 대표적인 문제는 인구 감소로 인한 일손 부족 문제이다.

34

 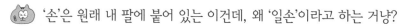

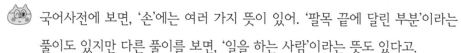 '손'은 원래 내 팔에 붙어 있는 이건데, 왜 '일손'이라고 하는 거냥?

국어사전에 보면, '손'에는 여러 가지 뜻이 있어. '팔목 끝에 달린 부분'이라는 풀이도 있지만 다른 풀이를 보면, '일을 하는 사람'이라는 뜻도 있다고.

**1.** '손'이 다른 의미로 쓰인 것은?

① 손을 뻗다.　　　② 손이 부족하다.　　③ 손으로 잡다.　　④ 손으로 가리키다.

**2.** 다음 중 '일손 부족'과 가장 어울리는 상황은?

① 햄버거를 열심히 먹고 있는 냥냥이

② 친구와 2시간째 수다 떨고 있는 냥냥이

③ 먼저 떠난 10마리 친구들의 의자를 혼자 정리하고 있는 냥냥이

④ 친구들과 모여 게임을 하고 있는 냥냥이

# 알갓냥의 하루

# 12 임업

각종 임산물에서 얻는 경제적 이윤을 위해 삼림을 경영하는 사업. 돈을 벌기 위해 숲에서 작물을 키우거나 재배하는 산업

어휘교실

林
수풀 **림**

業
업 **업**

## 교과서 속 어휘 찾기

- 산에서 나무를 가꾸어 베거나, 약초, 버섯, 산나물을 캐는 일을 **임업**이라고 한다.

- 산지촌은 주민들이 주로 **임업**을 하거나 산지에서 가축을 기르며 살아가는 마을이다.

**'임업'에는 어떤 종류가 있을까?**

괜찮냥, 내가 '농업'은 많이 들어봤는데, '임업'은 처음 들어보는 말이라 뭔지 모르겠어.

그럼 내가 예를 들어 줄게. 산에서 산나물을 캐는 것, 산에서 버섯을 기르는 것들이 모두 임업의 예야.

오! 그렇구나. 산에는 나무가 많던데? 나무를 심는 것도 임업이냥?

맞아. 나무를 가꾸는 일 뿐만 아니라 나무를 베어서 활용하는 것도 임업에 포함돼.

**1.** 숲이나 산에서 작물을 키우거나 얻어서 돈을 버는 산업은?

① 임자          ② 임업          ③ 임금          ④ 임시

**2.** 산에서 산나물을 캐서 파는 것, 나무를 가꾸거나 베어서 활용하며 돈을 버는 것은 임업의 대표적인 예이다. ( O, X )

## 괜찮냥의 하루

# 13 정미소

쌀을 찧는 일을 전문적으로 하는 곳

어휘교실

떨어진 쌀 부스러기를 쪼아먹으려고 온 참새들이 많네.

| 精 | 米 | 所 |
|---|---|---|
| 찧을 **정** | 쌀 **미** | 바 **소** |

## 교과서 속 어휘찾기

• 농촌에는 비닐하우스, **정미소** 등과 같은 농업 관련 시설이 있다.

• **정미소**에서 쌀을 찧어 포장하는 모습이 보인다.

를 부탁해!

**방앗간과 정미소**

😺 '방앗간'도 '정미소'랑 비슷한 단어인 것 같은데, 맞냥?

😺 응! 서로 아주 비슷한 단어야. 사전을 찾아보니 방앗간은 '방아로 곡식을 찧거나 빻는 곳'이라고 나와 있네?

😺 아하! 정미소는 글자에 '쌀 미' 자가 있으니, 특히 '쌀'을 찧는다는 의미가 더해진 것이구나.

1. 쌀을 찧는 일을 전문적으로 하는 곳은?

   ① 정미소      ② 김미소      ③ 양미소      ④ 전미소

2. '정미소'가 위치하기에 가장 어울리는 곳은?

   ① 학교 안             ② 쌀 농사를 짓는 농촌

   ③ 은행 앞             ④ 박물관 주변

## 머라냥의 하루

# 14 직거래 장터

중간에 다른 사람을 거치지 않고 사는 사람과 파는 사람이 직접 거래하는 시장

어휘교실

우아! 우리 동네에도 직거래 장터가 있었네?

| 直 | 去 | 來 | 場 | 터 |
|---|---|---|---|---|
| 곧을 **직** | 갈 **거** | 올 **래** | 마당 **장** | |

## 교과서 속 어휘찾기

• 촌락에서 생산된 신선한 농수산물을 농수산물 직거래 장터를 통해 구매한다.

• 대전광역시는 추석 명절을 앞두고 시청 앞에서 농축산물 직거래 장터를 열었다.

오늘 수업 시간에 직거래 장터의 장점을 배웠지.

그게 뭐냥?

첫째, 중간 과정 없이 판매자가 직접 만들어서 팔기 때문에 값이 싸.

오!

둘째, 더 신선한 농수산물이나 축산물을 살 수 있어.

최고의 장점인데?

1. 농산물이 도매 시장(대형 시장)을 거쳐 소매 시장(작은 시장)으로 왔을 때 이 소매 시장도 직거래 장터라 할 수 있다. ( O, X )

2. 파는 사람과 사는 사람이 직접 거래하는 것을 ( ㅈ ㄱ ㄹ )라고 한다.


## 예쁜냥의 하루

## 15 첨단 기술

수준이 높고 시대를 앞장서는 과학 기술

尖 뾰족할 첨    端 끝 단    技 재주 기    術 재주 술

### 교과서 속 어휘찾기

• 여러 가지 기계와 **첨단 기술**을 활용하면 촌락의 일손 부족 문제를 해결할 수 있다.

• 지방 자치 단체와 기업이 협력해 **첨단 기술**을 활용함으로써 경제적 이익을 얻을 수 있다.

## '첨단 기술'엔 무엇이 있을까?

첨단 기술의 시대가 오고 있다고? 감이 안 오는걸?

내가 뉴스에서 봤는데 말이지. 의료 로봇이 개발되었대.

의료 로봇? 그럼 로봇이 의사 선생님인 거냥?

사람이 하기 힘든 아주 미세하고 정밀한 수술 같은 것을 로봇이 대신해 주는 시대가 이제 오는 거지.

1. 수준이 높고 시대를 앞서 나가는 과학 기술을 (          )이라고 한다.

2. 다음 중 '첨단 기술'에 해당하는 상황은?

    ① 집 앞 마트에서 과자를 사 옴.

    ② 편지지에 직접 편지를 써서 우체통에 넣음.

    ③ 인공지능을 이용해서 에어컨을 자동으로 켰다 끔.

    ④ 운동장에서 노는 친구의 이름을 5층에서 힘차게 부름.

## 알갓냥의 하루

# 16 촌락

주로 시골에서, 여러 집이 모여 사는 마을

어휘교실

이 느티나무는 이 촌락을 상징하는 나무래.

정말 크고 멋지다!

村
마을 **촌**

落
떨어질 **락**

## 교과서 속 어휘찾기

• 사람들이 산, 들, 바다와 같은 자연환경을 이용해서 살아가는 마을을 **촌락**이라고 한다.

• 촌락의 자연환경에 따라 주민들이 하는 일과 생활 모습이 다르다.

😺 촌락은 그 지역의 자연환경에 따라 사람들이 하는 일이 다르대.

🐱 맞아. 농사를 짓고 사는 곳은 '농촌', 바다에서 어업을 주로 하는 곳이면 '어촌'이라고 해.

😺 임업과 목축업을 주로 하는 산지촌도 있잖냥.

🐱 사회 시간에 선생님 말씀을 열심히 들었구나.

1. 주로 시골에서 여러 집이 모여 사는 마을을 (　　　)이라고 한다.

2. 촌락은 대체로 ( ㅈㅇㅎㄱ )을 이용해서 살아가는 곳이다. ( ㅈㅇㅎㄱ )에 따라 촌락 주민들의 생활 모습이 달라진다.

**괜찬냥의** 하루

# 밀집하다

아주 큰 도시에 가면 건물이나 사람들이 빈틈없이 빽빽하게 모여 있는 모습을 본 적 있을 거야. 이렇게 무언가가 아주 많이, 빈틈없이 모여 있는 것을 '밀집하다'라고 해.

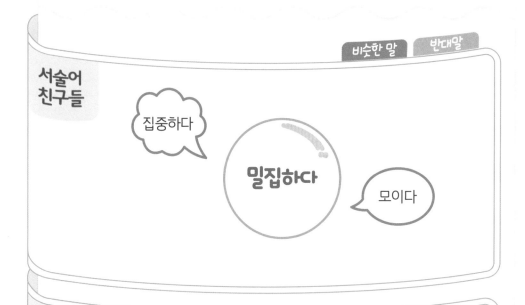

**서술어 친구들**

비슷한 말    반대말

집중하다

밀집하다

모이다

**개념어랑 서술어랑**

## 도시, 촌락, 인구, 비율 + 밀집하다

촌락에 비해 도시에는 많은 사람들이 모여서 살고 있지? 즉, 도시의 인구 비율이 촌락의 인구 비율에 비해 높다고 할 수 있어. 그렇다면 도시와 촌락 중 어느 곳에 사람들이 밀집해 있는 걸까? 그렇지! 도시야.

사람들이 아주 많이 모였군!

# 비교하다

가지고 있는 용돈은 과자 1개를 살 수 있는 돈인데, 먹고 싶은 과자가 2개일 때는 어떡해? 두 개의 비슷한 점, 다른 점 등을 한 번씩 떠올려 보지 않니? 이렇게 여러 가지 것들의 비슷한 점이나 차이점을 고민해 보는 것을 '비교하다'라고 해.

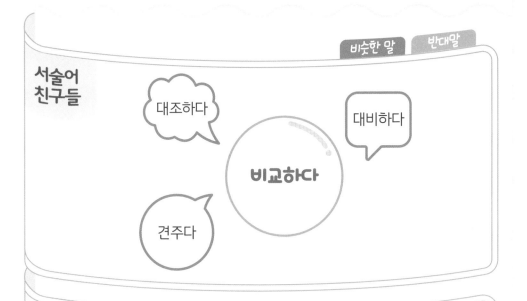

## 서술어 친구들

비슷한 말  반대말

대조하다

대비하다

비교하다

견주다

## 개념어랑 서술어랑

### 도시, 촌락, 대중교통, 문화 시설 + 비교하다

도시와 촌락을 비교해 볼까? 도시는 촌락에 비해 대중교통 시설이 편리하게 갖추어져 있어. 또 박물관, 영화관, 야구장 등 다양한 문화 시설이 있단다. 그럼 촌락은 어떨까? 촌락은 도시와 비교했을 때 맑은 공기와 아름다운 자연환경을 즐길 수 있다는 장점이 있어.

아! 맑은 공기.

# 조사하다

가끔 궁금한 것이 생기면 찾아볼 방법을 생각하곤 하지? 책을 찾아보거나 인터넷에 검색해 보는 방법으로 궁금한 것을 알아냈을 거야. 이렇게 어떤 것을 정확히 알기 위해서 자세히 살펴보고 찾아보는 것을 '조사하다'라고 해.

**서술어 친구들**

비슷한 말 | 반대말

살펴보다

연구하다

**조사하다**

관찰하다

**개념어랑 서술어랑**

## 농촌, 일손 부족, 상호 의존, 귀촌, 직거래 장터 + 조사하다

농촌의 문제점을 조사해 보았어. 첫 번째는 일손 부족이야. 이 문제를 해결하기 위해 '귀촌'을 장려하거나 도시와 상호 의존하는 등의 노력을 하고 있어. 두 번째, 농산물을 팔아도 수익이 많이 남지 않는 문제는 직거래 장터를 이용해서 해결하려고 해.

직거래 장터

싱싱한 농산물 사세요~

# 종사하다

선생님은 학생들을 가르치는 일을 하고, 의사는 환자들을 치료하는 일을 하지. 이렇게 어떤 일을 직업으로 삼아서 하는 것을 그 일에 '종사하다'라고 이야기해. 우리는 나중에 어떤 일에 종사하게 될까?

## 서술어 친구들

비슷한 말　　반대말

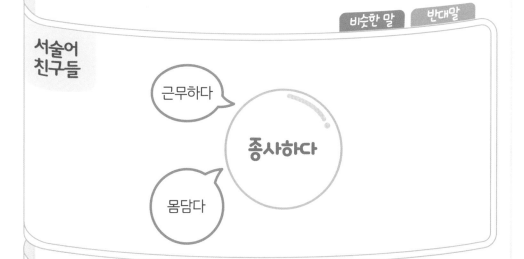

근무하다

종사하다

몸담다

## 개념어랑 서술어랑

촌락, 소득, 농업, 어업, 임업 + 종사하다

촌락은 소득을 얻는 방법에 따라 종류가 달라져. 농업에 종사하는 사람이 대부분이면 농촌, 어업에 종사하는 사람이 대부분이면 어촌, 임업에 종사하는 사람이 대부분이면 산지촌!

종사하는 일에 따라 복장도 달라져.

농업

어업　임업

# 지원하다

냥냥이의 서술어 충전소

미술 시간에 내가 먼저 작품을 완성했다면 친구의 작품 완성을 도와주기도 하잖아? 물론 반대로 친구가 나의 작품 만드는 것을 도와줄 때도 있고 말야. 이렇게 무언가를 지지하며 돕는 것을 '지원하다'라고 이야기해.

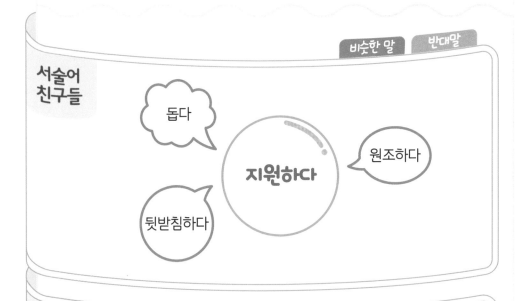

**비슷한 말** **반대말**

**서술어 친구들**

돕다

지원하다

원조하다

뒷받침하다

**개념어랑 서술어랑**

첨단 기술 + 지원하다

이번에 누리호가 우주를 향해 멋지게 날아가는 것을 봤니? 이런 첨단 기술이 발전하기 위해서는 여러 가지 지원이 필요해. 정부에서 연구 자금을 지원해 준다든지 여러 회사들이 부품 제작을 적극적으로 도와주는 등의 지원이 꼭 필요해.

# 경험하다

우리 친구들이 직접 해 보거나 겪어본 일이 있지? 직접 수영을 해 보기도 하고, 도자기를 만들기도 하고! 이렇게 자신이 실제로 해 보거나 겪어 보는 것을 '경험하다' 라고 해.

**서술어 친구들**

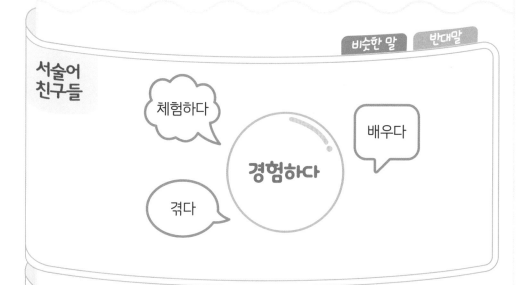

체험하다

배우다

경험하다

겪다

**개념어랑 서술어랑**

## 농업, 촌락, 도시, 일손 부족 + 경험하다

농업을 하는 촌락에서는 일손이 굉장히 중요한데, 요즘 농촌에서는 일손 부족 문제가 심각하대. 사람들이 촌락을 떠나 도시로 가면서 일할 사람이 줄었기 때문이지. 가까운 곳에 농촌 체험 교실이 있다면 한 번 경험해 봐.

직접 경험하니 쉽지 않구나!

# 필요한 것의 생산과 교환

## 무엇을 배우나요?

2단원은 '(1) 경제 활동과 현명한 선택'과 '(2) 교류하며 발전하는 우리 지역'이라는 두 개의 소단원으로 이루어져 있어요. 경제 활동을 할 때 어떻게 하는 것이 현명한 선택인지 알아보고, 여러 지역이 함께 교류하는 모습을 조사하는 활동을 해 보아요.

경제 교류

경제 활동

공정 무역

과정

대안

만족감

상품

생산

서비스

대중매체

선택

자원

원산지

이익

소비

희소성

착한 소비

특산물

수출하다

실천하다

절약하다

낭비하다

한정되다

현명하다

홍보하다

화합하다

# 17 경제 교류

서로 경제적으로 가치가 있는 물건이나 서비스를 주고받는 것

어휘교실

CAT NEWS

A 지역과 B 지역은 활발한 경제 교류로 엄청난 발전을 이뤄 냈습니다.

| 經 | 濟 | 交 | 流 |
|---|---|---|---|
| 지날 **경** | 건널 **제** | 사귈 **교** | 흐를 **류** |

## 교과서 속 어휘찾기

- 우리 지역과 다른 지역 간에 어떠한 **경제 교류**가 이루어지고 있는지 조사해 보자.

- 각국의 **경제 교류**가 확대되면서 경쟁력을 갖춘 나라와 그렇지 못한 나라의 격차가 커지고 있다.

**어휘친구**를 부탁해!

🐱 우리가 망고를 먹을 수 있는 건 필리핀과 경제 교류를 하고 있기 때문이야.

🐱 망고 말고 또 다른 예는 뭐가 있겠냥?

🐱 외국의 영화를 우리나라에서 볼 수 있는 것도 경제 교류 덕분이야. 그리고 K-POP 가수들이 외국에서 공연을 하는 것도 경제 교류라고 할 수 있지.

🐱 예쁘냥도 아는 게 많구나.

**냥냥이와 퀴즈대결**

1. 여러 지역이나 국가가 서로 경제적으로 가치 있는 물건이나 서비스를 주고받는 것을 뜻하는 어휘는?

   ① 경제 오류        ② 경영 교류        ③ 지역 경제        ④ 경제 교류

2. 경제 교류는 눈에 보이는 물건을 주고받는 것만을 말한다. ( O, X )

**어쩌냥의** 하루

우아! 프랑스에서 만든 저 예쁜 모자는 꼭 사고 싶다.

프랑스에서 파는 걸 어떻게 사냥? 그냥 포기해.

다른 나라와도 경제 교류를 하기 때문에 외국에서 파는 물건도 살 수 있거든?

정말이냥? 그럼 나도 살래.

55

# 18 경제 활동

경제 분야에 관련된 모든 개별적인 행동. 인간 생활에 필요한 물건을 만들고, 나누고, 사용하는 것과 관련된 모든 활동

**어휘교실**

너 용돈을 너무 함부로 쓰는 거 아니냥?

흐음. 이것도 모두 경제 활동의 일부라고.

삑! 삑!

| 經 | 濟 | 活 | 動 |
|---|---|---|---|
| 지날 **경** | 건널 **제** | 살 **활** | 움직일 **동** |

## 교과서 속 어휘찾기

- 사람들이 생활하는 데 필요한 여러 가지를 만들고 사용하는 것과 관련된 모든 활동을 **경제 활동**이라고 한다.

- 지역 간의 **경제 활동**은 서로 밀접한 관련이 있다.

## 경제 활동을 더 자세히?

 우리 엄마가 그러는시데, 경제 활동은 크게 두 가지로 나누어진대. 그 두 가지가 뭔지 알아?

 그게 뭐냥?

 생산 활동과 소비 활동이야. 생산과 소비에 대해 더 알고 싶다면 이 책을 몇 장 더 공부해 봐. 뒤에 나오니까 바로 알게 될 거야.

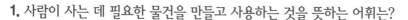

**1. 사람이 사는 데 필요한 물건을 만들고 사용하는 것을 뜻하는 어휘는?**

① 경제 화동    ② 경쟁 활동    ③ 경제 활동    ④ 건조 활동

**2. 다음 중 경제 활동이 <u>아닌</u> 것은?**

① 어깨 스트레칭을 하는 것    ② 마트에서 신선한 과일을 사는 것

③ 농사를 지어 쌀을 만들어 내는 것    ④ 공장에서 자동차를 만들어 내는 것

## 머라냥의 하루

# 19 공정 무역

제품을 만드는 데 참여한 모두에게 혜택이 동등하게 돌아가며 이루어지는 무역

어휘교실

| 公 | 正 | 貿 | 易 |
|---|---|---|---|
| 공평할 **공** | 바를 **정** | 무역할 **무** | 바꿀 **역** |

## 교과서 속 어휘찾기

• 제품을 살 때 공정 무역 제품인지 확인하는 습관을 가지는 것이 좋다.

58

 를 부탁해!

'무역' 그것이 알고 싶다!

공정 무역에서 '공정'은 뭔가 공평하다는 의미인 것 같은데, '무역'은 뭐냥?

지역이나 나라 사이에 서로 물건을 사고파는 것을 '무역'이라고 해.

우아! 똑똑한걸? 거래, 교류랑 비슷한 뜻이구나?

하나를 가르쳐 주면 둘을 아는 너도 대단해!

1. 모두에게 혜택을 공정하게 나누어 주며 하는 무역은?

① 공정 무역　　② 공평 무역　　③ 불공정 무역　　④ 불공평 무역

2. 지역이나 나라 사이에서 서로 물건을 사고 파는 것을 (　　　)이라고 한다.

**어쩌냥의** 하루

59

# 20 과정

일이 되어 가는 경로

어휘교실

하…….
수학 왕이 되는 길은 멀고도 험하구나.

수학 왕

수학 왕이 되기 위한 과정

過
지날 **과**

程
길 **정**

## 교과서 속 어휘찾기

• 다음 **과정**에 따라 조사할 도시를 선정하고 조사 계획을 세워 보자.

• 직거래 장터에서는 생산물이 소비자에게 전달되는 **과정**이 단순하기 때문에 농부에게 더 많은 이익이 돌아가게 된다.

🐱 오늘 학교에서 글쓰기 숙제를 검사했는데 모르냥이 선생님께 혼이 났어. 내 생각엔 잘 쓴 것처럼 보였는데.

🐱 모르냥이 친구의 글쓰기를 베껴서 숙제를 냈대.

🐱 아하! 그래서 선생님께서 모든 일은 결과만큼 과정도 중요하다고 이야기하셨구나.

**1. 어떤 일이 되어 가는 경로를 뜻하는 말은?**

① 과정　　　　② 과장　　　　③ 과자　　　　④ 과중

**2. 수학 왕이 되기 위한 과정이 아닌 것은?**

① 틀린 문제를 다시 풀어 봐요.　　② 답을 찍어서 아무렇게나 써요.

③ 매일 꾸준히 수학 문제를 풀어요.　　④ 모르는 문제는 선생님께 여쭤 봐요.

## 예쁜냥의 하루

# 21 대안

어떤 일에 대처할 방안

머라냥이랑 이 문제로 계속 얘기하고 있는데, 너무 의견이 달라.

적절한 대안을 찾아봐야겠네.

음...

對
대할 **대**

案
책상 **안**

## 교과서 속 어휘찾기

• 다양한 선택 기준에 따라 적절한 대안을 세우고 평가해 보면 현명한 선택을 할 수 있다.

• 조사한 정보를 바탕으로 대안을 세워 보자.

'대책'이라는 말의 뜻이 뭐냥? 대안을 적어놓은 책인가?

하하. 그게 무슨 말이야. 어디 가서 그런 말 하면 창피당한다.

그럼 뭔데?

대안이랑 대책은 비슷한 말이야. 둘 다 어떤 일에 대처할 계획, 방법 등을 의미하는 말들이라고.

처음부터 그렇게 알려주면 되잖냥.

냥냥이와 퀴즈대결

**1.** 어떤 일에 대처할 방안을 뜻하는 말을 (          )이라고 한다.

**2.** 물을 엎질렀을 때 가장 적절한 대안은?

① 얼른 방으로 들어가기                 ② 마른걸레로 깨끗하게 닦기

③ 수영장 개장! 물놀이하기             ④ 어차피 쏟은 거 한 컵 더 쏟기

## 알갓냥의 하루

63

# 22 대중 매체

많은 사람에게 많은 양의 정보와 생각을 전달하는 매체

어휘교실

너 대중 매체라는 말 들어 봤냥?

우리가 보고 있는 TV가 바로 대중 매체야.

| 大 | 衆 | 媒 | 體 |
|---|---|---|---|
| 큰 **대** | 무리 **중** | 중매 **매** | 몸 **체** |

## 교과서 속 어휘찾기

- 신문, 라디오, 텔레비전, 인터넷 등을 **대중 매체**라고 한다.

- 텔레비전 홈 쇼핑 같은 **대중 매체**를 이용하면 상인들은 상품을 쉽게 팔 수 있고 소비자도 편리하게 물건을 구입할 수 있다.

많은 양의 정보와 생각을 전달하는 매체? 근데 매체가 뭐냥?

매체는 무언가를 한쪽에서 다른 쪽으로 전달해 주는 물건이나 방법을 말해.

아! 그럼 정보나 생각들이 매체를 통해서 우리한테 전달되는 거구나?

맞아! 선생님께서는 과학 시간에도 이 단어가 나올 거라고 하시면서 정보, 생각 뿐만 아니라 열이나 에너지를 전달할 때도 '매체'라는 단어를 쓴다고 하셨어.

1. (          )는 무언가를 한쪽에서 다른 쪽으로 전달해 주는 물건이나 방법을 뜻하는 말이다.

2. 많은 사람에게 많은 양의 정보를 전달하는 매체를 뜻하는 말은?

   ① 대형 매체          ② 대신 매체          ③ 대중 매체          ④ 대량 매체

## 괜찮냥의 하루

# 23 만족감

마음에 모자람이 없이 충분히 흡족함을 느낌.

어휘교실

| 滿 | 足 | 感 |
|---|---|---|
| 찰 **만** | 발 **족** | 느낄 **감** |

## 교과서 속 어휘찾기

- 만족감을 느끼는 기준은 사람마다 다를 수 있다.

- 소비를 할 때 현명한 선택을 하지 않으면 **만족감**을 얻지 못하고 돈이나 자원을 낭비하게 된다.

66

🐱 한 번만 더, 딱 한 번만 더, 그러면서 계속 덧칠을 하다가 그림을 망쳐 버렸
어. 어떡하냥?

🐱 '과유불급'이라는 말이 있잖아. 지나친 건 모자란 것만 못하다는 말이거든.

🐱 딱 한 번만 더 칠하면 진짜 완벽해질 것 같았단 말야.

🐱 욕심을 버리고 적당한 선에서 만족할 줄도 알아야 해.

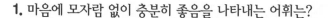

**1.** 마음에 모자람 없이 충분히 좋음을 나타내는 어휘는?

① 일족감          ② 백족감          ③ 천족감          ④ 만족감

**2.** 소비를 할 때 현명한 선택을 하지 않으면 만족감을 얻지 못한다. ( O , X )

## 머라냥의 하루

# 상품

사고파는 물품

어휘교실

냉동 널찍 −!!

여긴 아주 상품이 많네.
내가 찾는 물건이 분명
있을 거야.

商

장사 **상**

品

물건 **품**

---

## 교과서 속 어휘찾기

- 시장은 사람들이 생활에 필요한 여러 가지 **상품**을 사고파는 곳이다.

- 각 지역을 대표하는 **상품**을 한눈에 보여주는 지도를 활용하면 편리하다.

 를 부탁해!

백화점엔 온갖 상품들이 다 있어. 구경하는 데 엄청 오래 걸렸다니까?

상품? 백화점에서 무슨 대회를 하는 거야? 1등 상품이 뭐냥?

1등 상품의 '상품'과 가게에 있는 '상품'은 다른 단어야. 글자 모양은 같지만 서로 다른 뜻을 가지고 있지.

아하! 모양은 같지만 서로 다른 단어였구나. 한강의 '다리'와 내 몸의 '다리'처럼.

맞아. 내가 말한 백화점의 '상품'은 상으로 주는 물건이 아니라 사고파는 물건들을 말하는 거였어.

**1.** 슈퍼마켓에 가면 사고파는 물건들인 (          )이 전시되어 있다.

**2.** 과일가게에서 볼 수 <u>없는</u> 상품은?

① 망고                ② 체리                ③ 사과                ④ 운동화

## 어쩌냥의 하루

69

# 25 생산

인간이 생활하는 데 필요한 각종 물건을 만들어 냄.

生 날 생

産 낳을 산

## 교과서 속 어휘찾기

• 생활에 필요한 물건을 만들어내는 활동을 생산이라고 한다.

• 우리 지역에서 생산한 약초를 판매하고 있다.

 를 부탁해!

생산 활동은 누가 하냥?

기업이 하지! 사람들에게 필요한 물건을 만드는 일을 하는 곳이 '기업'이다냥!

아! 회사 같은 그런 거?

응! 기업에서는 사람들에게 필요한 물건을 만들어 내고 그걸 팔아서 돈을 버는 거지.

우리 엄마는 혼자서 빵과 쿠키를 만들어서 파시는데, 이것도 생산이냥?

그것도 물론 생산 활동이지. 그런데 나도 쿠키 하나만 주라!

 퀴즈대결

1. 사람들이 편리하도록 각종 물건을 만들어 내는 것을 (        )이라고 한다.

2. 다음 중 생산이라고 할 수 <u>없는</u> 것은?

　　① 케이크를 맛있게 먹는 것　　　　② 공장에서 모자를 만드는 것

　　③ 빵집에서 빵을 만드는 것　　　　④ 카페에서 음료를 만드는 것

## 어쩌냥의 하루

# 26 서비스

사람들의 생활을 편리하게 도와주고 만족감을 주는 활동

어휘교실

오늘은 병원에 의료 서비스를 받으러 왔어.

# service

서비스는 사람들의 생활을 **편리**하게 도와주고
**만족감**을 주는 활동을 말한다.

## 교과서 속 어휘찾기

• 실버산업이란 노인을 대상으로 한 상품이나 **서비스**를 제조, 판매하거나 제공
  하는 산업을 말한다.

• 시장에서는 눈에 보이는 재화뿐만 아니라 눈에 보이지 않는 **서비스**도 사고판다.

72

## 서비스도 시장에서 사고팔까?

😺 서비스는 눈에 안 보이는데, 시장에서 사고파는 게 가능하냥?

😸 그럼. 대형 마트나 전통시장처럼 우리가 바로 '시장'임을 느낄 수 있는 곳도 있지만, 눈에 보이지 않는 서비스를 사고파는 곳도 '시장'이라고 해.

😺 그럼 영화관도 시장이냥?

😸 사람들에게 문화 서비스를 제공하고 우리가 그것을 사는 곳이니까 시장이라고 할 수 있지.

😺 오호! 시장에서 물건뿐만 아니라 서비스도 사고판다는 게 그런 의미였구나.

1. 우리의 생활을 편리하게 만들어 주고, 만족감을 주는 활동을 (    )라고 한다.

2. 다음 중 '의료 서비스'를 제공하는 곳은?

　　① 야구장　　　　② 병원　　　　③ 법원　　　　④ 학교

## 예쁘냥의 하루

73

## 27 선택

여럿 가운데서 필요한 것을 골라 뽑음.

어휘교실

입어본 옷이 모두 마음에 드는걸? 선택하기 너무 어려워.

選
가릴 **선**

擇
가릴 **택**

**교과서 속** 어휘찾기

• 우리는 살면서 여러 가지 **선택**의 문제를 겪게 된다.

• 자신의 생각을 효과적으로 표현하기 위해서는 알맞은 단어의 **선택**이 필요하다.

🐱 선거에 많이 참여하라고 플래카드를 곳곳에 걸어 놨네?

🐹 이제 곧 대통령 선거가 다가오잖냥. 누가 우리나라를 대표할지 국민들이 직접 선택할 수 있는 날이니까 모두 선거에 참여해야지.

🐱 그렇다면 나도 선거할래!

🐹 우린 아직 어려서 못 해.

**1.** 여럿 가운데서 필요한 것을 골라서 뽑는 것을 뜻하는 어휘는?

① 선택          ② 선수          ③ 선물          ④ 선장

**2.** 조직이나 집단의 대표자나 임원을 뽑는 것을 선거라고 한다. ( O , X )

## 괜찮냥의 하루

75

# 소비

돈이나 물자, 시간, 노력 따위를 들이거나 써서 없앰.

어휘교실

뭐냥?
남은 용돈이 없네?

이번 주에 용돈을
너무 소비했구나.

消
사라질 **소**

費
쓸 **비**

## 교과서 속 어휘찾기

• 생산한 것을 사용하는 일을 소비라고 한다.

• 꼭 써야 할 곳에 돈을 쓰는 것이 현명한 소비 생활이다.

나 이번 달 용돈을 신상 과자를 사 먹는 데 소진했어.

헉! 아직 15일인데 남은 용돈이 없으면 어떻게 하려고 그러냥?

엥? 나 용돈 아직 남았는데?

네가 아까 용돈을 소진했다고 했잖아. '소진'은 모두 써서 없앴다는 뜻의 단어라고.

아! 그럼 내 용돈을 신상 과자 사 먹는 데 소비했다고 이야기했어야 했구나? 미안.

냥냥이와 퀴즈대결

1. 돈, 물건, 시간, 노력을 쓰는 것을 (          )라고 한다.

2. ( ㅎ ㅁ )한 소비를 하기 위해서는 꼭 필요한 것인지 따져 보고 소비해야 한다.

## 알갓냥의 하루

와! 이것도 예쁘고, 이건 완전 내 스타일! 다 사야겠다.

완전 소비 요정이네.

뭐? 요정? 내가 그렇게 예쁘단 말이냥?

## 원산지

물건이 자라나거나 만들어진 곳

**어휘교실**

| 原 | 産 | 地 |
|---|---|---|
| 근원 **원** | 낳을 **산** | 땅 **지** |

**교과서 속** 어휘찾기

• 외국에서 수입한 식품에는 원산지를 표시해야 한다.

• 어떤 상품이 생산된 곳을 원산지라고 한다.

원산지는 어떻게 확인하냥?

옷에는 보통 안쪽 라벨에 적혀 있던데, 확인해 볼까?

오! 안에 써 있다. Made in Korea. 우리나라에서 만든 옷이구나.

그리고 우유 등의 식품에는 겉에 상품 정보가 적혀 있고, 음식점에서는 음식 재료의 원산지가 어디인지 벽에 써 붙여 놓더라고.

다음부터는 물건을 사거나 식당에 갈 때 유심히 봐야겠다.

**1.** 동식물이 맨 처음 자라난 곳이나 어떤 물건의 생산지를 뜻하는 어휘는?

① 원어민          ② 원산지          ③ 원주민          ④ 원주율

**2.** 원산지는 물건, 재료가 자라거나 만들어진 곳을 의미한다. ( O , X )

## 머라냥의 하루

# 30 이익

물질적으로나 정신적으로 보탬이 되는 것

## 교과서 속 어휘찾기

- 여러 가지 물자 교류를 통해 각 지역은 경제적 이익을 얻는다.

- 생산자는 이익을 내기 위해 상품을 더 많이 판매하려고 노력한다.

'공익'과 '이익' 뭐가 다르지?

방금 본 광고는 '공익광고'라던데 공익광고가 뭐냥?

아! 공익광고는 공익을 위한 광고야!

좀 더 쉽게 설명해 줄 수 있냥?

'공익'은 '공동의 이익', 그러니까 사회 전체의 이익을 위한다는 말이지.

아! 그래서 광고의 내용이 '금연'이었구나?

'이익'은 말 그대로 나에게 이로운 것들인데, 그중에서 특히 사회 전체나 공동의 이익을 의미한다면 '공익'이라는 말을 써.

**1.** 물질적으로나 정신적으로 보탬이 되는 것을 이르는 어휘는?

① 이익          ② 이장          ③ 이자          ④ 이빨

**2.** 사회 전체의 이익을 위한 광고를 공정 광고라고 한다. ( O, X )

## 머라냥의 하루

내 축구공이랑 네 축구공이랑 바꾸자.

뭐라냥! 내 건 새 건데!

축구는 내가 더 자주 하잖아.

새 공이랑 헌 공이랑 바꾸는 건 나한테 아무 이익도 없는 일인데, 내가 왜 바꿔 주겠냥!

# 31 자원

인간 생활 및 경제 생산에 이용되는 원료로 노동력, 기술, 광물, 산림 등을 통틀어 이르는 말

資 재물 자

源 근원 원

## 교과서 속 어휘찾기

• 자연에서 얻은 **자원**을 이용하여 생활에 필요한 물건을 만든다.

• 각 나라마다 자연환경, 생산 기술, **자원** 등이 다르기 때문에 경제적 교류를 한다.

우리나라는 석유가 나오지 않는 나라래. 사우디아라비아는 석유가 엄청 많이 난다던데.

맞아. 각 나라마다 가지고 있는 자원의 종류와 양이 모두 다르지. 석유나 석탄, 철과 같이 땅속 깊은 곳에 묻혀 있는 자원을 뭐라고 하는지 알아?

아! 혹시 지하자원이냥?

딩동댕!

**1.** 인간 생활과 경제 생산에 이용되는 원료를 이르는 말은?

① 자라      ② 자원      ③ 자리      ④ 지원

**2.** 다음 중 지하자원이 <u>아닌</u> 것은?

① 철      ② 석탄      ③ 석유      ④ 통나무

## 괜찮냥의 하루

# 32 착한 소비

제품 생산 과정에서 환경을 오염시키지는 않았는지, 안정성 확인을 위해 동물 실험을 하지는 않았는지 확인하여 해당 사항이 없는 제품을 소비하는 일

결심했어! 난 오늘부터 착한 소비를 하는 소비자가 될 거야.

착  한  消  費

사라질 **소**     쓸 **비**

## 교과서 속 어휘찾기

- **착한 소비**란 사회와 환경에 미치는 영향까지 고려해 소비하는 것을 말한다.

- 최근에는 값이 싸고 질 좋은 물건을 선택하는 것에 더해 **착한 소비**를 해야 한다는 목소리가 커지고 있다.

## '착한 소비'에는 어떤 것이 있을까?

🐱 착한 소비는 그냥 착한 마음을 가지고 소비하면 되는 거냥?

🐱 푸하하. 착한 소비는 내가 물건을 살 때 이 제품이 우리 사회와 환경에 안 좋은 영향을 미치지는 않는지 따져 보고 사는 걸 말해.

🐱 착한 소비는 어떻게 하는 거냥? 구체적으로 알려줘.

🐱 예를 들면 친환경 농산물을 사는 것, 동물 보호를 실천하고 있는 기업의 물건을 사는 것, '공정 무역'이 이루어진 제품을 사는 것 등이 있지.

 냥이와 퀴즈대결

1. 제품이 만들어지기까지의 과정이 사회와 환경에 미치는 영향까지 고려하여 소비하는 것을 ( )라고 한다.

2. 다음 중 착한 소비를 하는 상황이 <u>아닌</u> 것은?

① 공정 무역 초콜릿 구입　　　　② 농약을 많이 쓴 상추 구입

③ 친환경 마크가 붙은 계란 구입　　④ 방화복을 재활용한 가방 구입

## 모르냥의 하루

## 33 특산물

어떤 지역에서 특별히 생산되어 나오는 물건

어휘교실

우리 지역의 특산물은 '인삼'이야.

| 特 | 産 | 物 |
|---|---|---|
| 특별할 **특** | 낳을 **산** | 물건 **물** |

## 교과서 속 어휘찾기

• 각 촌락에서는 해마다 자연환경이나 **특산물**을 이용한 다양한 축제가 열린다.

• 어떤 지역에서 특별히 생산되는 것을 **특산물**이라 한다.

괜찮냥! 왜 고장마다 다른 특산물이 있는 거냥?

그 지역마다 환경이 다르기 때문이지. 자연환경, 인문 환경이 고장마다 다르기 때문에 그 지역의 특징에 따라서 잘 자라거나 잘 잡히는 것들이 있는 거야.

예를 들어 제주도는 귤이 자라나기에 좋은 날씨와 환경을 가지고 있어서 귤이 특산물인 거구나.

정답!

1. 한 지역에서 특별하게 생산되는 물건을 '특생물'이라고 한다. ( O , X )

2. (        )은 어떤 지역에서 특별히 생산되어 나오는 물건을 의미한다. 제주도의 유명한 과일인 (        )이 대표적인 예시이다.

## 괜찮냥의 하루

# 34. 희소성

원하는 것에 비해 그것을 충족시켜 줄 것이 부족한 것

어휘교실

신난다!
리자몽은 아주 희소성 있는
스티커인데 드디어 나왔네?

稀 — 드물 **희**

少 — 적을 **소**

性 — 성품 **성**

## 교과서 속 어휘찾기

- 사람들이 필요로 하거나 원하는 것은 많지만 쓸 수 있는 돈이나 자원은 한정되어 있다. 이러한 상태를 희소성이라 한다.

- 이와 같은 자원의 **희소성** 때문에 우리는 항상 선택의 문제에 부딪치게 된다.

🐱 이거 내가 어제 축구할 때 입었던 유니폼인데, 가져갈 사람 있냥?

🐱 풉! 그걸 누가 가지고 싶겠냥.

🐱 내가 어제 입은 유니폼은 전 세계에서 단 한 장 있는 거니까 아주 희소한 거라고.

🐱 희소성은 양이 적다고 생기는 게 아니야. 사람들이 필요로 하는 것에 비해 상대적으로 적은 것을 의미하는 거지. 손흥민 선수의 유니폼이라면 모를까.

1. 사람들이 원하는 것에 비해 돈, 자원이 한정적인 상태를 (        )이라고 한다.

2. 다음 중 가장 희소성이 있는 물건은?

　① 쉽게 구할 수 있는 팔찌　　　② 언제든 살 수 있는 티셔츠

　③ 10켤레만 만들어진 인기 운동화　④ 냥냥이가 쓰던 빨대

## 머라냥의 하루

# 낭비하다

한 번쯤 필요 없는 것에 돈과 시간을 너무 많이 썼던 경험이 있지 않아? 이렇게 시간이나 돈 같은 것을 헛되고 헤프게 쓰는 것을 '낭비한다'고 해.

비슷한 말 　 반대말

**서술어 친구들**

허비하다

낭비하다

탕진하다

**개념어랑 서술어랑**

자원 + 낭비하다

다음 주부터 용돈 기입장을 쓰기로 결정했어. 나에게 주어진 5천 원이라는 자원을 너무나도 낭비한 것 같다는 생각이 들었거든. 너희들도 낭비하지 말고 계획적으로 용돈을 사용하도록 해.

파이팅!

# 수출하다

세계의 각 나라들은 생산하고 있는 상품이나 보유하고 있는 자원이 모두 달라서 수출과 수입으로 필요한 상품과 자원을 교환하고 있어. 이렇게 우리나라의 상품이나 기술을 외국으로 파는 것을 '수출하다'라고 해.

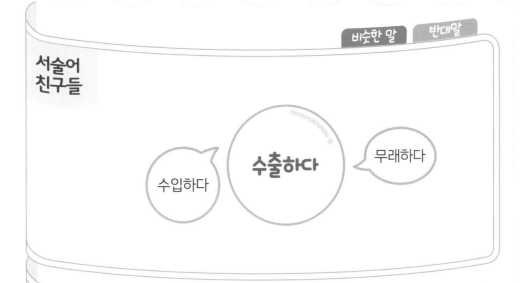

## 서술어 친구들

비슷한 말  반대말

수입하다

**수출하다**

무래하다

## 개념어랑 서술어랑

특산물, 희소성, 상품, 이익, 경제 교류 + 수출하다

우리나라 각 지역의 특산물은 외국으로 수출하기도 해. 특산물은 희소성이 있는 상품이기 때문에 이것을 팔면 그 지역 사람들의 이익으로 이어지거든. 이렇게 경제 교류를 하는 거지.

다른 나라까지 잘 도착하렴~

# 실천하다

'이번 여름 방학에는 꼭 계획한 것을 해내겠어!'라고 생각했던 적 있지? 그리고 계획대로 행동했을 때 뿌듯함이 밀려오지 않았니? 이렇게 생각한 것을 실제로 행동으로 해내는 것을 '실천하다'라고 해.

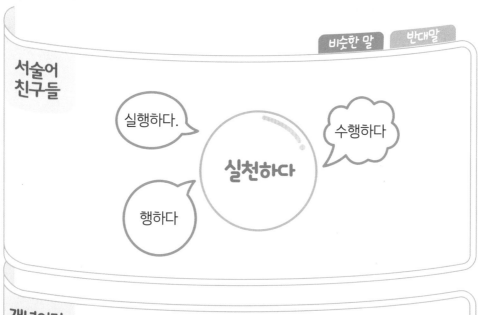

비슷한 말    반대말

**서술어 친구들**

실행하다.

수행하다

실천하다

행하다

**개념어랑 서술어랑**

## 착한 소비, 선택, 만족감, 생산 과정 + 실천하다

착한 소비를 실천하겠다고 마음먹었다면 물건을 선택할 때 그 물건의 생산 과정까지 모두 고려해야 해. 이렇게 실천해 나가다 보면 가격을 더 주더라도 오히려 만족감이 크게 느껴질 수도 있어.

착한 소비를 실천하니 뿌듯하군.

마트

공정 무역 초콜릿

# 절약하다

학교 화장실 거울에서 '물을 절약합시다' 라는 문구가 적힌 스티커 본 적 있지? 무언가를 함부로 쓰지 않고 꼭 필요한 곳에만 아껴 쓰는 것을 '절약하다' 라고 해. 너희들도 잘 실천하고 있지?

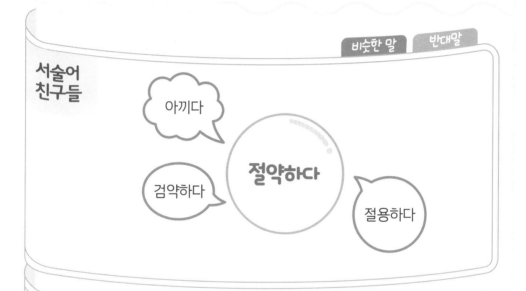

**서술어 친구들**

비슷한 말　반대말

아끼다

검약하다

절약하다

절용하다

**개념어랑 서술어랑**

자원 + 절약하다

자원을 왜 절약해야 할까? 아마도 우리에게 주어진 자원이 한정적이기 때문이겠지? 또한 지구의 환경을 위해 꼭 필요한 것만 사용하고, 자원을 절약한다면 더 건강한 지구를 만들 수 있기 때문이야.

꼭 필요한 만큼만!

# 한정되다

선생님께서 언제까지 숙제를 해 오라고 하실 때가 있지? 이렇게 시간이 정해지고 정해진 시간 안에 어떤 일을 마쳐야 할 때 시간이 한정되어 있다고 하지. 이렇게 '한정되다'는 양이나 범위가 제한되어 정해진다는 뜻을 가지고 있어.

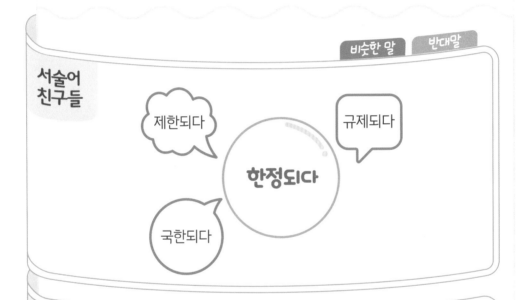

비슷한 말 | 반대말

**서술어 친구들**

제한되다

규제되다

한정되다

국한되다

**개념어랑 서술어랑**

### 자원, 희소성 + 한정되다

사고 싶은 것을 다 사면 너무 좋겠지만, 항상 그럴 순 없어. 왜일까? 바로 자원이 한정되어 있기 때문이야.
자원이 우리가 필요한 것보다 부족한 상태, 앞에서 배웠는데 어떤 상태일까? 맞아, 희소성!

둘 중 하나만 골라야 하는데……

# 현명하다

우리 친구들 중에 현명하다는 칭찬 들어본 사람 있니? 사리를 바르게 판단하고 일을 지혜롭게 처리할 때 현명하다는 칭찬을 들을 수 있지. 이처럼 '현명하다'는 어떤 일을 할 때 그 내용을 잘 알고 있고 또 아주 슬기롭다는 의미를 가지는 말이야.

## 서술어 친구들

비슷한 말 / 반대말

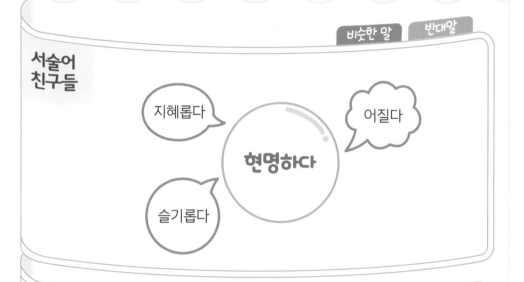

지혜롭다

어질다

현명하다

슬기롭다

## 개념어랑 서술어랑

원산지, 소비 + 현명하다

원산지를 확인하며 소비하는 것은 아주 현명한 소비 습관이야. 내일부터 부모님과 마트에 가게 된다면 각 물건의 원산지는 어디인지 상품 정보를 한번 확인해 봐!

이 당근은 국내산!

# 홍보하다

물건이 잘 팔리도록 하려면 어떻게 해야 할까? 맞아! 그 물건의 장점을 많은 사람들이 알 수 있도록 널리 알려야겠지? 이렇게 어떤 것을 널리 알리는 것을 '홍보하다'라고 해.

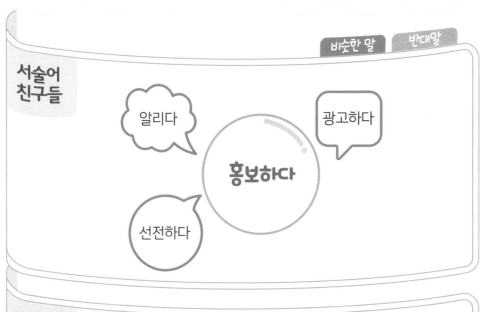

## 서술어 친구들

비슷한 말 · 반대말

알리다

광고하다

홍보하다

선전하다

## 개념어랑 서술어랑

### 대안, 대중매체, 공정 무역 + 홍보하다

공정 무역 제품을 널리 알리고 싶은데 아직 많은 사람들이 모르고 있는 것 같다고? 대안으로 TV나 라디오 같은 대중매체를 이용해서 홍보하면 더 많은 사람들에게 공정 무역 제품의 장점을 알릴 수 있겠지?

오! 저런 제품이 있었어?

# 화합하다

운동회에서 좋은 결과를 내기 위해서는 같은 팀 친구들 모두가 화합해야 해. 화합하면 결과가 좋을 뿐 아니라 즐거운 운동회가 되지. 이처럼 화목하게 어울리는 것을 '화합하다'라고 해. 가족, 이웃, 친구들과 화합하며 지내는 것이 좋겠지?

**서술어 친구들**

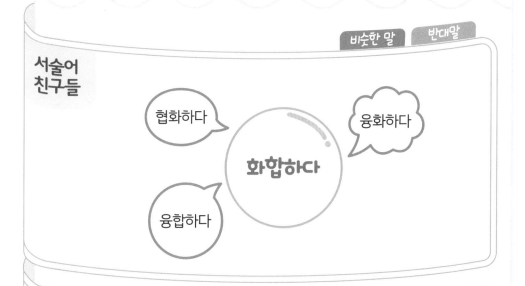

협화하다

융화하다

화합하다

융합하다

**개념어랑 서술어랑**

## 경제 활동, 서비스 + 화합하다

경제 활동을 할 때 서비스를 이용하는 소비자가 될 수도 있지만 서비스를 제공하는 사람이 될 수도 있어. 더 선한 사회를 만들기 위해서는 서로 친절하게 대하고 화합하는 것이 좋겠지?

안녕하세요~

# 사회 변화와 문화 다양성

## 무엇을 배우나요?

3단원은 '(1) 사회 변화로 나타난 일상생활의 모습'과 '(2) 다양한 문화에 대한 이해와 존중'이라는 소단원으로 이루어져 있어요. 먼저, 사회 변화인 저출산·고령화, 정보화, 세계화가 일상생활에 미치는 영향, 그에 따른 문제점과 해결 방안을 알아볼 거예요. 그리고 다양한 문화를 접하는 사회 속에서 그 가치를 인정하며 다른 문화를 존중하는 태도를 가지는 활동을 해 보아요.

고령화

개인 정보

다양성

문화

복지

세계화

사회 변화

원인

악성 댓글

유출

저작권

저출산

정보화

차별

침해

편견

극복하다

대우하다

의존하다

존중하다

인정하다

증가하다

# 35 개인 정보

이름, 주민등록번호, 직업, 주소, 전화번호 등 개인에 대한 자료를 통틀어 이르는 말

개인 정보는 소중해. 그러니까 아무에게나 막 알려 주면 안 되는 거 알지?

개인 정보 보호!

| 個 | 人 | 情 | 報 |
|---|---|---|---|
| 낱 **개** | 사람 **인** | 뜻 **정** | 알릴 **보** |

## 교과서 속 어휘찾기

- 개인 정보 보호 포털에서는 개인 정보와 관련된 교육 자료를 제공하며, 개인 정보 유출 및 침해에 대한 신고를 할 수 있다.

- 개인 정보가 새 나가지 않도록 개인 정보 관리에 주의를 기울여야 한다.

개인 정보를 보호하는 방법을 알려줘!

🐱 개인 정보를 보호하려면 어떻게 해야 하는 거냥?

🐱 비밀번호는 주기적으로 바꿔주는 게 좋아. 너, 모든 사이트의 비밀번호가 똑같지? 그럼 위험할 수 있어.

🐱 진짜냥? 빨리 비밀번호를 바꿔야겠다.

🐱 또, 가까운 친구 사이라도 개인 정보는 알려주지 않기! 컴퓨터를 사용한 후에는 꼭 로그아웃하기! 더 많지만 일단 이 정도만 잘 지켜도 좋을 거야.

1. (          )는 이름, 성별, 주민등록번호와 같이 개인에 대한 자료를 통틀어 이르는 말이다.

2. 개인 정보를 보호하기 위한 방법으로 알맞지 <u>않은</u> 것은?

① 모든 비밀번호 통일하기       ② 택배 상자의 주소 떼고 버리기

③ 컴퓨터 사용 후 로그아웃하기   ④ 비밀번호 주기적으로 바꾸기

## 어쩌냥의 하루

# 36 고령화

한 사회에서 노인 인구 비율이 높은 상태로 나타나는 일

어휘교실

예전보다 노인분들을 많이 보게 되는 것 같지 않냥?

우리나라는 이미 고령 사회니까 대책을 잘 마련해야 할 것 같아.

| 高 | 齡 | 化 |
|---|---|---|
| 높을 **고** | 나이 **령** | 될 **화** |

## 교과서 속 어휘찾기

• 우리나라는 이미 **고령화** 사회에 들어섰으며, 그에 따른 여러 가지 문제가 발생하고 있다.

• 태어나는 아이의 수가 줄어드는 반면, 노인 인구는 계속해서 늘어나 저출산·**고령화** 현상이 심해지고 있다.

## 고령화 사회, 고령 사회, 초고령 사회?

🐱 고령화 사회, 고령 사회, 초고령 사회라는 말을 배웠는데 비슷해서 너무 헷갈려. 우리나라는 지금 고령화 사회인 거냥?

🐱 정확히 말하면 고령 사회야. 고령화 사회는 총인구 중 65세 이상 인구가 차지하는 비율이 7% 이상인 사회고, 고령 사회는 14% 이상, 초고령 사회는 20% 이상인 사회를 말하는데, 우리나라는 2017년에 이미 고령 사회에 들어섰어.

🐱 우아, 그러면 곧 초고령 사회가 될 수도 있겠네.

🐱 그래서 초고령 사회에 대한 대비책이 많이 논의되고 있대.

**1.** 고령화란 한 사회에서 노인 인구의 비율이 ( 많아 / 적어 )지는 것을 의미한다.

**2.** 고령 사회는 총인구 중 65세 이상 인구가 차지하는 비율이 7% 이상인 사회이다.
( O, X )

## 예쁘냥의 하루

# 37 다양성

모양, 빛깔, 형태, 양식 따위가 여러 가지로 많은 특성

多 — 많을 **다**

樣 — 모양 **양**

性 — 성품 **성**

## 교과서 속 어휘찾기

• 문화 **다양성**은 문화에 대한 생각과 표현의 차이를 이해하고 존중하는 것을 말한다.

• 문화의 **다양성**을 인정하면 사회가 더욱 발전할 수 있다.

 를 부탁해!

### 다양성과 다양화, 뭐가 다른 거야?

다양성과 다양화, 뭐가 다른 거냥?

다양성은 말 그대로 다양한 상태를 의미해. 예를 들어 '각 나라 문화에는 다양성이 있다.'로 쓰일 때처럼 말야.

그럼 다양화는?

다양화는 점점 더 다양해지는 것을 말해. '이 푸드코트의 메뉴가 처음엔 비빔밥뿐이었는데, 지금은 스시, 팟타이, 스파게티 등이 생기면서 다양화되었다.' 이런 느낌?

**1.** 모양, 형태, 빛깔 등이 여러 가지로 많은 특성을 (      )이라고 한다.

**2.** 모양, 빛깔, 형태, 양식 따위가 여러 가지로 많아지는 것을 뜻하는 말은 ( 다양성 / 다양화 )이다.

## 알갓냥의 하루

# 38 문화

사람들이 함께 생활하면서 만들어온 공동의 생활 방식

어휘교실

경주에서는 찬란한 신라의 문화를 느낄 수 있구나.

| 文 | 化 |
|---|---|
| 글월 **문** | 될 **화** |

## 교과서 속 어휘찾기

• 문화는 사회 구성원들이 지니고 있는 공동의 행동 양식 또는 생활 양식이다.

• 문화는 나라마다 지역마다 서로 비슷하기도 하고 다르기도 하다.

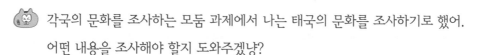

문화를 알고 싶을 땐 무엇을 살펴보면 좋을까?

각국의 문화를 조사하는 모둠 과제에서 나는 태국의 문화를 조사하기로 했어. 어떤 내용을 조사해야 할지 도와주겠냥?

좋아. 태국 사람들은 주로 무엇을 먹는지, 또 어떤 옷을 입는지, 어떤 집에 살고 있는지를 조사하면 되지 않을까?

오! 그걸 알면 태국 사람들이 어떤 방식으로 살아가는지도 알 수 있겠구나.

그 밖에 태국 사람들은 어떻게 인사하는지, 어떤 놀이를 즐기는지도 조사해 보면 재미있을 것 같아.

**1.** 한 사회의 사람들이 공동으로 가지고 있는 생활 방식을 (　　　)라고 한다.

**2.** 전 세계의 사람들은 각자의 문화를 가지고 있는데, 그 문화가 우리와 다르다는 이유로 무시해서는 안 된다. ( O, X )

## 어쩌냥의 하루

# 39 복지

행복한 삶. 모든 국민의 행복한 삶을 위해 사회에서 정책이나 시설 등을 지원하는 것

### 어휘교실

복지가 아주 좋군!

무료 급식소

福 복 **복**

祉 복 **지**

## 교과서 속 어휘찾기

• 노인을 지원하는 여러 가지 복지 제도가 실시되고 있다.

• 저출산·고령화 사회가 되면서 가정, 교육, 의료, 복지 분야에서 다양한 변화가 일어나고 있다.

모든 사람이 건강하고 행복한 삶을 누릴 수 있도록 사회에서 만든 시설은 어떤 시설을 이야기하는 걸까? 이런 시설을 조사해 가는 게 숙제거든.

복지 시설을 찾고 있구나? 우리 주변에는 생각보다 많은 복지 시설들이 있어.

그게 어디냥?

양로원이나 보육원, 어린이 공원, 노인 요양원, 점자 도서관 등이 복지 시설에 속해.

**1.** 모든 사람의 행복한 삶을 위해 사회에서 정책이나 시설 등을 지원하는 것을 이르는 말은?

① 복지            ② 복조리            ③ 복주머니            ④ 복수

**2.** 복지 시설은 사회의 일부 사람만 행복할 수 있도록 만들어진 곳이다. ( O , X )

## 머라냥의 하루

# 40 사회 변화

3. 사회 변화와 문화 다양성

시간이 지나면서 사회의 모습이 점점 달라짐을 이르는 말

어휘교실

라떼는 말이야.

네가 지금 몇 살인데 옛날 얘기를 하냥.

| 社 | 會 | 變 | 化 |
|---|---|---|---|
| 모일 **사** | 모일 **회** | 변할 **변** | 될 **화** |

## 교과서 속 어휘찾기

• 정보화는 정보와 지식이 중심이 되어 **사회 변화**를 이끌어가는 현상을 말한다.

• 세계화로 인한 **사회 변화**에 대비하려면 우리 것을 소중히 여기면서 다른 나라의 문화를 비판적으로 받아들이는 태도가 필요하다.

우리 할아버지가 그러시는데, 사회가 너무 변해서 우리 고유의 문화가 많이 사라졌대. 사회 변화는 나쁜 건가 봐.

사회 변화가 꼭 나쁘다고 볼 수만은 없어. 여러 가지 기술들이 발전하면서 인간이 하기 어렵고 위험한 것들을 로봇이 대신 하기도 하고, 편리해지기도 했잖냥.

그렇구나. 하지만 급격하게 변하는 세상 속에서 우리의 것을 놓치지 않기 위한 노력도 해야 할 것 같아.

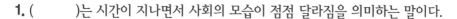

**1.** (          )는 시간이 지나면서 사회의 모습이 점점 달라짐을 의미하는 말이다.

**2.** 다음을 사회 변화의 순서대로 쓰시오.

① 말 타고 다니기                ② 자율 주행 자동차를 타고 다니기

③ 자동차를 직접 운전해서 다니기

## 예쁘냥의 하루

# 41 세계화

세계 여러 나라를 이해하고 받아들임.

어휘교실

세계화 시대에 발맞추어 해외여행을 떠나 볼까?

世 인간 세

界 지경 계

化 될 화

## 교과서 속 어휘찾기

• 세계 여러 나라가 다양한 분야에서 교류하면서 하나로 연결되는 현상을 세계화라고 한다.

• 세계화가 진행되면서 세계 여러 나라가 점점 더 가까워지고 과거보다 훨씬 많은 영향을 주고받게 되었다.

세계화! 이제 알겠어. 우리가 노르웨이의 연어와 필리핀의 망고를 수입하고, 외국에서 우리나라의 비빔밥을 먹는 것처럼 세계가 서로 연결되어 있는 것을 말하는 거지?

꼭 그렇게 물건이 왔다 갔다 하는 것 말고도 문화나 사상 등으로 서로 영향을 주고받는 것도 세계화에 속해. 네가 요즘 엄청 좋아하는 BTS! 케이팝과 같은 문화도 다른 나라에 전달될 수 있다고.

BTS 너무 좋아!

1. 세계 여러 나라가 다양하게 교류하면서 서로를 이해하고 전 세계가 점차 하나로 연결되는 것을 (          )라고 한다.

2. 세계화의 영향으로 다른 나라를 여행하는 것이 더욱 자유로워졌다. ( O, X )

## 알갓냥의 하루

# 42 악성 댓글

인터넷의 게시판 등에 올려진 내용에 대해 악의적인 평가를 하여 쓴 댓글

어휘교실

악성 댓글을
달지 맙시다!

| 惡 | 性 | 對 | 글 |
|---|---|---|---|
| 악할 **악** | 성품 **성** | 대할 **대** | |

## 교과서 속 어휘찾기

• 내 블로그에 **악성 댓글**이 달려서 속상했다.

• 정보화 사회가 되면서 개인 정보 유출, 저작권 침해, **악성 댓글** 확산, 인터넷·스마트폰 의존 현상 심화 등의 문제가 생겨났다.

 악성 댓글은 정말 나빠. 악성 댓글 말고 서로 좋은 댓글을 남기면 좋을 텐데.

그러게. 선플을 남기면 기분도 좋고 기운도 날텐데 말야.

선플? 그게 악성 댓글의 반대말이냥?

응! '선하다, 착하다' 할 때의 '선'과 댓글의 영어 버전인 '리플'의 '플'을 합성해서 선플이라고 하더라고.

그럼 이제 우리부터라도 선플 달기 캠페인을 하자!

1. 인터넷 게시판에 올려진 내용에 ( 악의적인 / 긍정적인 ) 평가를 하여 쓴 댓글을 '악성 댓글'이라고 한다.

2. 다음 중 '악성 댓글'인 것은?

① 너무 멋져요!                      ② 좋은 정보 감사합니다.

③ 정말 멍청하군!                    ④ 많은 도움이 되었어요.

## 모르냥의 하루

# 43 원인

어떤 일이 일어나게 된 근본적인 이유

# 교과서 속 어휘찾기

• 저출산의 **원인**에는 여러 가지가 있다.

• 도시에서 교통 혼잡 문제가 발생하는 **원인**을 다양한 방법으로 찾아보았다.

예쁘냥, '원인' 하면 따라오는 말이 뭔지 아냥?

글쎄?

바로 '결과'야. 어떤 일이 일어난 데에는 '원인'이 있고, 그 원인에 따라서 나타난 '결과'가 있을 테니까.

그럼 '원인'과 '결과'를 합쳐서 '인과 관계'라고 한다는 것도 알겠구나?

앗! 나보다 더 똑똑한걸?

1. 어떤 일이 일어나게 된 근본적인 이유를 뜻하는 말은?

① 원자       ② 원인       ③ 원주       ④ 원칙

2. (        )는 어떤 행동과 그 뒤에 발생한 일 사이에 원인과 결과의 관계가 있는 것을 말한다.

## 머라냥의 하루

# 44 유출

밖으로 흘러나가거나 흘려 내보냄.

어휘교실

산업 폐수가 강에 유출되고 있는 현장입니다.

쏴아-

流 흐를 **류**

出 날 **출**

## 교과서 속 어휘찾기

• 정보화로 인한 문제점에는 악성 댓글, 불법 다운로드, 인터넷 중독, 개인 정보 유출 등이 있다.

• 정부는 예전에 해외로 유출된 문화재를 되찾으려는 노력을 하고 있다.

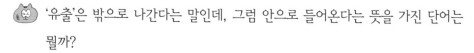

'유출'은 밖으로 나간다는 말인데, 그럼 안으로 들어온다는 뜻을 가진 단어는 뭘까?

'유출'의 '출' 자가 '나가다'라는 뜻이니까 '들어온다'는 뜻의 한자를 생각해 봐. 힌트를 주자면, 나가는 문을 '출구'라고 하고 들어오는 문을 '입구'라고 하잖아. 어때? 알겠냥?

오호! '유출'의 반대말은 바로 '유입'이구나.

하하. 딩동댕.

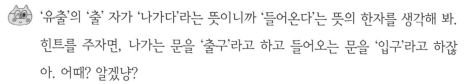

1. 밖으로 흘러나가거나 흘려 내보낸다는 뜻의 어휘는?

　① 유출　　　　② 유재석　　　　③ 유주　　　　④ 유정

2. 어떤 것이 '밖으로 흘러 나가는 것'은 ( 유출 / 유입 ), '안으로 들어오는 것'은 ( 유출 / 유입 )이다.

## 어쩌냥의 하루

# 45 저작권

문학, 예술, 학술에 속하는 창작물에 대하여 저작자가 가지는 권리

어휘교실

남의 것을 함부로 베끼면 안 돼!

아, 맞다. 모든 저작물에는 저작권이 있다고 했지?

著 나타날 저

作 지을 작

權 권세 권

## 교과서 속 어휘찾기

• 창작물을 만든 사람이 자신의 생각과 아이디어 등을 표현하여 만든 결과물에 대해 갖는 권리를 저작권이라 한다.

• 저작권을 보호하는 것은 창작자에게도 이익이 되고 국가의 경제적 이익에도 큰 영향을 미친다.

 **어휘친구**를 부탁해!

## 저작권은 언제까지 유지될까?

어? 이 소설의 작가는 이미 돌아가셨는데? 그럼 이 소설의 저작권은 사라진 거냥?

아냐. 저작권은 저작자가 죽은 이후에도 70년간 유지돼.

그렇구나. 그런데 저작자가 세상에 없는데 저작권료를 누구에게 지급하냥?

후손들에게 상속이 돼서 후손들이 받게 돼.

나도 부모님께 상속해 주실 만한 저작물을 빨리 만드시라고 해야겠다.

**냥냥이와 퀴즈대결**

1. 창작물을 만든 사람에게 그 결과물에 대해 권리를 주는 것을 (          )이라고 한다.

2. 저작권은 창작자가 가지는 권리이므로 함부로 침해해서는 안 된다. ( O, X )

## 괜찮냥의 하루

# 46 저출산

아이를 적게 낳음.

어휘교실

우리 할머니는 7남매이신데 난 외동이야.

확실히 점점 아이를 적게 낳고 있구나.

低 낮을 저

出 날 출

産 낳을 산

## 교과서 속 어휘찾기

• 저출산은 태어나는 아이의 수가 감소하여 사회의 출산율이 낮아지는 현상을 말한다.

• 우리 사회의 **저출산** · 고령화 현상은 갈수록 심해지고 있다.

 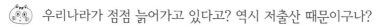
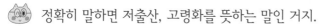

우리나라가 점점 늙어가고 있다고? 역시 저출산 때문이구나?

정확히 말하면 저출산, 고령화를 뜻하는 말인 거지.

아하! 태어나는 아이의 수는 적은데, 의료 기술의 발달 등으로 평균 수명은 늘어나고 있으니 우리나라가 점점 늙어간다고 표현한 거구나!

**1.** 아이를 적게 낳는 현상을 뜻하는 말은?

① 저지방　　　　② 저학년　　　　③ 저출산　　　　④ 저세상

**2.** '저출산'과 어울리지 <u>않는</u> 것은?

① 외동아들, 외동딸이 많아져요.　　　② 초등학교의 학생 수가 늘어나요.

③ 한 반에 학생 수가 점점 적어져요.　　④ 매년 수능을 보는 학생 수가 줄어들어요.

## 알갓냥의 하루

# 47 정보화

전화, 인터넷 등 정보 통신 기술의 발달로 지식과 정보가 중심이 되어 생활의 변화를 이끄는 것

어휘교실

정보화 시대니까 외국에 있는 친구랑도 바로바로 연락이 가능해.

| 情 | 報 | 化 |
|---|---|---|
| 뜻 **정** | 갚을 **보** | 될 **화** |

## 교과서 속 어휘찾기

• 정보와 지식의 중요성이 높아지고 정보와 지식이 사회생활에서 중심 역할을 하는 것을 **정보화**라고 한다.

• **정보화**가 활발하게 이루어지면서 사람들 간의 소통이 자유로워지고 생활이 더욱 편리해졌다.

 인터넷에 정보가 너무 많아서 도대체 어떤 게 올바른 정보인지 모르겠어.

 맞아. 정보화 사회가 되면서 너무 많은 정보가 쏟아져 나오고 있고, 그중에는 잘못된 정보들이 섞여 있어서 구별하는 데 시간과 노력이 너무 많이 들어.

 그런 점에서 우리 모두 정보 공해에 시달리고 있는 거지. 이럴 때일수록 믿을 만한 정보를 구분하려고 노력해야 할 것 같아.

 냥냥이와 **퀴즈대결**

1. 정보 통신 기술의 발달로 정보, 지식이 사회의 중심이 되는 것을 뜻하는 단어는 (　　　)이다.

2. 현금 없이 핸드폰으로 물건 값을 지불하는 일, 외국에 있는 친구와 실시간으로 화상 채팅을 하는 일 등은 '정보화'의 예이다. ( O , X )

## 괜찮냥의 하루

# 48 차별

둘 이상의 것을 등급이나 수준 따위의 차이를 두어 구별함.

어휘교실

동생이라고 과자를 한 개만 주는 건 차별이야!

差
다를 **차**

別
나눌 **별**

## 교과서 속 어휘찾기

- 어떤 기준을 두어 대상을 구별하고 다르게 대우하는 것을 **차별**이라고 한다.

- 다양한 문화가 확산되면서 나타나는 편견과 **차별** 문제를 해결하기 위해서는 개인과 사회, 국가가 함께 노력해야 한다.

 를 부탁해!

## 차이와 차별은 같은 말일까?

'차이'와 '차별'은 한 글자가 다를 뿐인데 서로 의미가 다른 거냥?

비슷한 말이라고 생각할 수도 있겠지만 다른 말이야. '차이'는 서로 같지 않고 다르다는 뜻이고, '차별'은 그 다름을 기준으로 대우가 달라지는 것을 의미해.

예를 들어 남자와 여자는 다르니까 '차이'가 있는 것이지만, 특정 성별에 더 많은 기회를 준다면 '차별'이란 거구나?

맞아. 차이는 인정해야 하지만 그것 때문에 차별하면 안 된다는 거지.

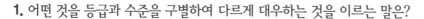

1. 어떤 것을 등급과 수준을 구별하여 다르게 대우하는 것을 이르는 말은?

　① 차별　　　　　② 차장　　　　　③ 차표　　　　　④ 차고

2. 나는 조용하고 내성적인 성격이지만 동생은 활발하고 외향적이다. 이러한 ( 차별, 차이 ) 때문에 서로 다른 진로를 선택하였다.

## 예쁘냥의 하루

## 49 침해

3. 사회 변화와 문화 다양성

침범하여 해를 끼침.

어휘교실

내 핸드폰을 몰래 보다니!
이건 사생활 침해야.

侵 害
침노할 침    해할 해

## 교과서 속 어휘찾기

• 음반 회사에서 제작한 노래를 불법 다운로드하는 사람이 많아서 회사가 큰 손해를 입었다면 이것은 저작권 **침해**의 예이다.

• 불법 해킹으로 개인 정보가 흘러나가 사생활이 **침해**되고 있다.

 **'침해'와 '침훼'**

킥킥. 머라냥, 너 맞춤법 공부 다시 해야겠다. '침해'를 '침훼'라고 적으면 어떡하냥.

어? 분명히 사전에서 봤는데? 봐! 있잖냥. 침범하여 큰 피해를 준다는 뜻의 '침훼'.

헉! 뜻도 '침해'랑 비슷하네? 미안해. 내가 몰랐었어.

**1. 침범하여 해를 끼친다는 뜻의 어휘는?**

① 오해      ② 가해      ③ 침해      ④ 동해

**2. 다음 중 '침해'와 같은 뜻을 가진 어휘는?**

① 침착      ② 침식      ③ 침낭      ④ 침훼

# 머라냥의 하루

# 50 편견

공정하지 못하고 한쪽으로 치우친 생각

어휘교실

偏 치우칠 편

見 볼 견

## 교과서 속 어휘찾기

• 나와 다르고 익숙하지 않은 것에 대해 한쪽으로 치우친 생각을 가지는 태도를 **편견**이라고 한다.

• 모든 사람들이 음식을 먹을 때 도구를 사용한다고 생각하는 것은 **편견**이다.

머라냥, 넌 키가 크니까 농구를 아주 잘하겠구나?

키가 크면 농구를 잘 할 거라는 선입견을 가지고 있군.

선입견? 그게 뭐냥?

선입견은 이미 마음속에 가지고 있는 고정적인 생각이야. 손가락이 길면 무조건 피아노를 잘 칠 거라는 뭐 그런 생각들 있잖아.

아하! 편견이랑 비슷한 말이네.

**낭낭이와 퀴즈대결**

**1.** 공정하지 않고 한쪽으로 치우친 생각을 뜻하는 어휘는?

① 편지          ② 편법          ③ 편안          ④ 편견

**2.** 어떤 대상에 대하여 이미 마음속에 가지고 있는 고정적인 생각을 (          )이라고 한다.

## 예쁘냥의 하루

# 극복하다

스스로 약점이라고 생각하는 것이 있어? 예를 들어, '나는 너무 수학을 못 해!' 이런 것처럼 말이야. 그걸 이겨내 본 경험은? 다들 멋지게 이겨내는 중이라고? 이렇게 악조건이나 고생, 약점 등을 이겨내는 것을 '극복하다'라고 해.

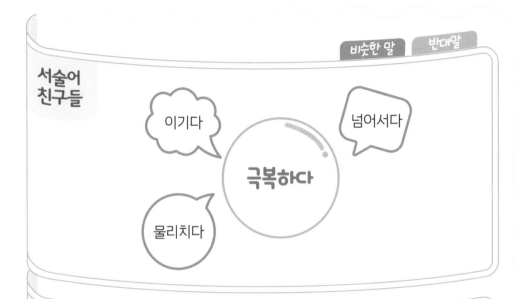

**비슷한 말** **반대말**

서술어
친구들

이기다

넘어서다

극복하다

물리치다

개념어랑
서술어랑

## 저출산, 고령화, 사회 변화, 복지 + 극복하다

저출산·고령화로 점차 사회 변화가 일어나면서 많은 문제점들이 나타났어. 이런 문제점을 극복하기 위한 여러 복지 정책들도 생겨났는데, 노인 일자리를 만들거나 아이를 키우는 데 많은 도움을 주는 것들이 그 예야.

노인들을 위한 복지 시설도 많이 생기고 있어.

# 대우하다

학교에서 선생님을 만났을 때에는 예의 바르게 인사 드리고 친구를 만났을 때에는 반갑게 인사했을 거야. 이렇게 누군가에게 사회적 관계 속에서 예의를 갖추어 대하는 것을 '대우하다'라고 말해.

## 서술어 친구들

비슷한 말　반대말

예우하다

대우하다

대접하다

## 개념어랑 서술어랑

### 차별, 원인, 다양성, 편견 + 대우하다

'차별'은 무언가를 구분지어서 다르게 대우하는 것을 말해. 그렇다면 차별이 일어나는 원인은 뭘까? 서로의 다양성을 존중하지 못하고 편견을 가진 채 다른 사람들을 평가하기 때문이 아닐까? 서로의 다양성을 존중하는 친구들이 되자.

다른 것은 틀린 것이 아니야.

부들!

# 의존하다

모둠 친구들과 함께 작품을 완성해야 하는데, 모두가 나만 바라보고 있는 상황을 상상해 봐. 모둠 친구들이 모두 미술을 잘하는 나에게 오롯이 의지하는 상황! '의존하다'라는 단어는 다른 것에 의지하여 존재한다는 뜻이야.

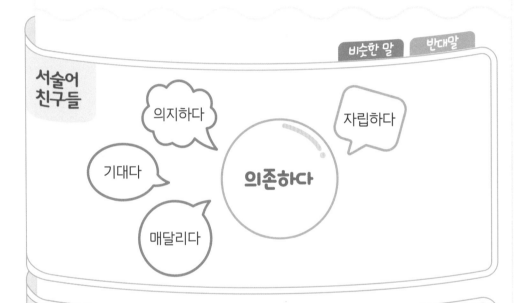

**서술어 친구들**

비슷한 말 · 반대말

의지하다 · 자립하다 · 기대다 · 매달리다 · 의존하다

**개념어랑 서술어랑**

## 개인 정보, 유출 + 의존하다

우리 사회에서 개인 정보 유출은 심각한 문제가 되고 있어. 이럴 때 가입한 사이트나 기업의 대책에만 의존하기보다는 컴퓨터 사용 후에는 꼭 로그아웃을 하고, 비밀번호를 주기적으로 바꾸는 등 우리 스스로의 노력도 필요해.

로그아웃!
딱!

# 존중하다

친구와 다툼이 있을 때, 나의 생각만 계속 주장하다 보면 다툼이 끝나지 않겠지? 나의 의견뿐만 아니라 친구의 의견도 잘 들어보고 받아들여야 해. '존중하다' 라는 말은 다른 사람, 또는 다른 사람의 의견을 높게 여기고 귀하게 대해주는 것을 의미해.

## 서술어 친구들

비슷한 말  반대말

소중하다

존중하다

귀하다

높이다

## 개념어랑 서술어랑

정보화, 악성 댓글, 저작권 침해, 문화 + 존중하다

정보화 사회에는 편리한 점도 많지만 문제점들도 생길 수 있어. 악성 댓글을 달아서 서로를 비난하는 것, 저작권 침해로 다른 사람의 권리를 무시하는 것 등이 그 예지. 정보화 사회에서는 서로를 존중하는 문화가 꼭 필요해.

불법 다운로드 ✗!
악플 ✗!

명심해!

# 증가하다

매년 키와 몸무게를 재보면 어떤 변화가 있어? 매년 키도 크고, 몸무게도 무거워지고 있지? 이렇게 양이나 수치가 늘어나는 것을 '증가하다'라고 해. 키와 몸무게가 증가한다는 건 내가 건강하게 잘 성장하고 있다는 뜻이겠지?

**서술어 친구들**

비슷한 말　반대말

많아지다 / 늘어나다 / 늘다 / **증가하다** / 감소하다

**개념어랑 서술어랑**

### 세계화, 문화 + 증가하다

세계화가 아주 빠르게 진행되면서 외국과 다양한 교류가 증가하고 있어. 그런데 이렇게 여러 문화를 받아들이는 것도 중요하지만, 잊지 말아야 할 것은 바로 우리 문화를 지키려는 노력이야.

오늘은 어느 나라 음식을 먹어 볼까?

# 인정하다

학교에서 종종 나보다 훨씬 그림을 잘 그리는 친구를 만난다거나, 정말 마음씨가 착한 친구를 보게 되는 일이 있지 않니? 그럴 땐 누구나 확실히 그렇다고 생각할 거야. 이렇게 무언가를 확실히 그렇다고 생각하는 것을 '인정하다'라고 해.

## 서술어 친구들

비슷한 말  반대말

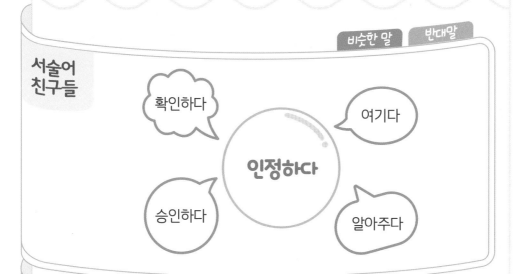

확인하다

여기다

인정하다

승인하다

알아주다

## 개념어랑 서술어랑

문화, 다양성 + 인정하다

다양성을 존중한다는 것, 도대체 어떻게 하는 걸까? 어렵지 않아. 다른 사람이 살고 있는 방식 그대로를 인정하는 거지! 꼭 우리의 문화만이 옳은 것은 아니라고 생각하는 마음이 중요해.

인정? 어. 인정!

끄덕 끄덕

정답

| | | 1. | 2. |
|---|---|---|---|
| C1 | 귀촌 | 1. ② | 2. × |
| C2 | 농업 | 1. 농업 | 2. ① |
| C3 | 대중교통 | 1. ④ | 2. 대중교통 |
| C4 | 도시 | 1. 도시 | 2. ② |
| C5 | 문화 시설 | 1. ④ | 2. ④ |
| C6 | 비율 | 1. 비율 | 2. ① |
| C7 | 상호 의존 | 1. 상호 의존 | 2. (1)○, (2)○ |
| C8 | 소득 | 1. ○ | 2. ④ |
| C9 | 어업 | 1. 어업 | 2. ①, ③ |
| 10 | 인구 | 1. ② | 2. ○ |
| 11 | 일손 부족 | 1. ② | 2. ③ |
| 12 | 임업 | 1. ② | 2. ○ |
| 13 | 정미소 | 1. ① | 2. ② |
| 14 | 직거래 장터 | 1. × | 2. 직거래 |
| 15 | 첨단 기술 | 1. 첨단 기술 | 2. ③ |
| 16 | 촌락 | 1. 촌락 | 2. 자연환경 |
| 17 | 경제 교류 | 1. ④ | 2. × |
| 18 | 경제 활동 | 1. ③ | 2. ① |
| 19 | 공정 무역 | 1. ① | 2. 무역 |
| 20 | 과정 | 1. ① | 2. ② |
| 21 | 대안 | 1. 대안 | 2. ② |
| 22 | 대중 매체 | 1. 매체 | 2. ③ |
| 23 | 만족감 | 1. ④ | 2. ○ |
| 24 | 상품 | 1. 상품 | 2. ④ |
| 25 | 생산 | 1. 생산 | 2. ① |

1판 1쇄 펴냄 | 2023년 8월 25일

기  획 | 이은경
글     | 이은경·전예림
그  림 | 김재희
발행인 | 김병준
편  집 | 이현주·박유진
마케팅 | 김유정·차현지
디자인 | 김용호·권성민
발행처 | 상상아카데미

등록 | 2010. 3. 11. 제313-2010-77호
주소 | 서울시 마포구 독막로 6길 11(합정동), 우대빌딩 2, 3층
전화 | 02-6953-8343(편집), 02-6925-4188(영업)
팩스 | 02-6925-4182
전자우편 | main@sangsangaca.com
홈페이지 | http://sangsangaca.com

ISBN 979-11-85402-95-6 (64080)